Business-oriented Small Talk for Any Occasion
in the Global Age

中身の濃い雑談ができると仕事がうまく回り出す！

グローバル時代の
ビジネス英語
雑談力

監修 **藤井正嗣** 早稲田大学教授
Masatsugu Fujii

マルコム・ヘンドリックス×**緒方秀夫** 著
Malcolm Hendricks　*Hideo Ogata*

まえがき

　みなさん、「雑談」というと、どんなものを想像されるでしょうか。

　天気の話、ゴルフの話、野球の話、最近食べた美味しいスイーツの話、芸能人の結婚報道、政治の話、感動した映画の話…気の合った友達、仲間同士ならどんなことでも気軽におしゃべりができると思います。

　さて、本書のテーマは**「ビジネス英語雑談力」**です。「ビジネス英語雑談力」とはなんでしょうか？　海外とのビジネスでは、交渉をしたり会議をしたり、得意先などと直接会って会話を交わすことが多いと思います。しかし、いくら仕事だからといって、いきなり値段の交渉をはじめたり、議題に入ったりすることはふつうはありません。ビジネス では**人と人との関係をしっかりと築いていくこと**がとても大事であり、**その場を和らげたりするためのツール**が必要なのです。また、仕事が終わってアフターファイブでの飲み会の席で、いくら話すことがないからといって仕事の話ばかりしていたら、人間としての幅を疑われかねません。特に海外のビジネスパーソンは、ビジネスパートナーとしてこれから一緒に仕事ができる人物なのか、あなたのことをじっと観察しています。雑談力とはつまりはその人そのものであり、人間力といえます。仕事の話しかできない人は、どんな人物なのかがよくわかってもらえず、いい関係を保ちながら仕事ができるかどうか判断してもらえないのです。

　本書の企画段階で、多数の方々にインタビューを行いました。世界でバリバリ活躍する有能なビジネスパーソンばかりです。彼らは「ビジネスに雑談は不可欠です」と異口同音におっしゃっていました。**有能なビジネスパーソンは、雑談を無駄話と思わず、ビジネスのツールとして効果的に活用している**のです。

　海外の人と話す際に、興味をもってもらえるテーマは、日本との文化の違い、**「異文化コミュニケーション」**ではないでしょうか。日本の文化をよく勉強しておくと、

海外の人はとても興味深く話を聴いてくれるものです。本文中にも取り上げていますが、オペラと歌舞伎の比較、イギリス庭園と日本庭園の違いなど、簡単にでも話題にできるとよいと思います。

また、東日本大震災は、世界中のメディアで話題になりました。震災後の復興はどうなのか、これは海外でよくきかれる質問だそうです。日本人としてある程度正確に、また自分の意見も交えて答えられるとよいと思います。2020年の東京オリンピックについても、自分なりに話すことをまとめておくとよいと思います。

さて、本書では、第1章　ビジネス英語雑談に便利なフレーズ集、第2章　ビジネス英語雑談　インバウンド編、第3章　ビジネス英語雑談　アウトバウンド編、第4章　ビジネス英語雑談　まとめ、の4章構成で、合計41のダイアログを用意しました。これらは実際にビジネスパーソンに取材して収集した雑談ネタや、私たちなりにこれは外せない、と思う雑談ネタを、実際に雑談をしている場を想定しながら執筆しました。取材を元にしているため、とても充実したリアルで濃密な内容になっています。また、語句の解説や話を膨らませるためのポイントや、フレーズなどにも解説を施しました。

類書にあるような、雑談フレーズ集などでは、実際の現場では何の役にも立ちません。**会話という完成された形**を提示することで、ビジネス英語雑談の全貌を表すことができたと自負しております。ぜひ、音声を聴きながら、使えるフレーズなどを自分なりに身に付けて大いに活用してください。

本書で実用的な「英語雑談力」を身につけ、ぜひあなたのビジネスを成功に導いてください。

末筆ながら、株式会社秀和システム第二出版編集部の清水雅人様には、企画立案の段階から、大変お世話になりました。心から感謝しております。

2015年9月　マルコム・ヘンドリックス　緒方秀夫

本書の使い方

第1章 ビジネス英語雑談に便利なフレーズ集

ビジネス英語雑談に役立つやさしいフレーズを、テーマ別に紹介していきます。

第2章 ビジネス英語雑談　インバウンド編
第3章 ビジネス英語雑談　アウトバウンド編

本格的なビジネス英語雑談を、会話形式で紹介していきます。全41の会話例を紹介していきます。みなさんにとってふさわしい雑談ネタを見つけてどんどん使っていきましょう。

会話（英語）

会話（日本語訳）

語句の解説をしていきます。

雑談ネタのポイント

ここで取り上げる雑談ネタの振り方や、周辺知識などを解説していきます。

 ## 話を膨らませるためのポイント

雑談がすぐに終わってしまわないよう、様々な工夫が必要です。ここでは会話が続けられるようなちょっとしたフレーズを紹介していきます。

 ## 注目したいフレーズ

雑談に役立つ様々なフレーズと、その役割について解説していきます。短い例文も紹介していますので、こちらもぜひ一緒に覚えて活用しましょう。

 ## ネイティブがよく使う「口ぐせフレーズ」

日本人ではなかなか思いつかない、ネイティブならではの気の利いたフレーズを紹介します。より自然なフレーズで雑談を盛り上げましょう。

グローバル時代のビジネス英語雑談力 目 次

まえがき ……………………………………………………………… 2
本書の使い方 ………………………………………………………… 4

第 1 章　ビジネス英語雑談に便利なフレーズ集 ……………… 9

第 2 章　ビジネス英語雑談　インバウンド編 ……………… 15

食文化
1.　日本のピザは変わっている？ ………………………………… 16
2.　おすすめのラーメン屋さん ………………………………… 20
3.　ラーメン激戦区 ……………………………………………… 24
4.　焼き肉を食べてリフレッシュ！ …………………………… 28

日本のビジネス習慣
5.　残業は美徳？ ………………………………………………… 32
6.　「先輩・後輩」システムについて ………………………… 36
7.　会社でファーストネームで呼ばないのはなぜ？ ………… 40
8.　日本の名刺文化について …………………………………… 44

国内旅行
9.　地元のおすすめスポット・おすすめ料理 ………………… 48
10.　都内観光を楽しむ …………………………………………… 52
11.　温泉の楽しみ方 ……………………………………………… 56

日本の文化
12.　最近の日本の若者について ………………………………… 60
13.　お中元とお歳暮 ……………………………………………… 64
14.　日本のクリスマス …………………………………………… 68

健康・スポーツ
15.　トレーニング・ジムでワークアウト！ …………………… 72
16.　2020 年、東京オリンピック ……………………………… 76

フレンドリーな会話
17.　日本の若者の恋愛事情と草食系男子 ……………………… 80
18.　海外の得意先をアテンド …………………………………… 84

震災・復興
19.　日本は地震大国 ……………………………………………… 88
20.　台風や災害 …………………………………………………… 92

宗教
21.　日本人の宗教観と針供養 …………………………………… 96

コラム イナゴはイナゴ !? ………………………………………… 102

第3章　ビジネス英語雑談　アウトバウンド編 ·············· 103

ビジネスモデル
22. 紙の本と CD について熱く語る ················· 104
23. 日本人による不動産投資 ···················· 108
24. 欧米型集中仕入れ・集中販売のスーパーは日本では成功しない？ ······ 114

観光
25. ニューヨークの見どころ ···················· 120
26. ブラジルのお祭りと日本の代表的なお祭り ·········· 124

芸術・美意識
27. イギリス庭園と日本庭園を比較する ··············· 128
28. イタリアオペラと歌舞伎は似ている？ ·············· 132
29. シカゴの街並みと東京の街並み ··············· 140

交通機関
30. アメリカと日本の交通機関の違い ··············· 144
31. 航空会社のサービスの質を比較してみると ·········· 148

食文化
32. トルココーヒーのカップで占う私の未来 ············· 154
33. 果物と野菜、アメリカと日本との違い ·············· 160
34. ビンテージワインはあるのにビンテージ日本酒がない、そのわけは？ ··· 164
35. ロンドンの寿司レストラン ···················· 170
36. 世界の中華料理 ························· 174

文化・習慣
37. オフィスで誕生日を祝われる！？ ··············· 178
38. 日本と外国、マナーの違い ··················· 182
39. 人気のスポーツは国によってさまざま ·············· 186
40. 欧米人は傘をささない？ ···················· 190
41. タイには 13 種類の微笑みがある ··············· 194

コラム 雑談力と CQ ························· 200
コラム NG ネタと鉄板ネタあれこれ ················· 201

第4章　ビジネス英語雑談　まとめ ·············· 203

音声ダウンロードのご紹介

　本書で紹介されているフレーズと会話文をネイティブスピーカーが読み上げた音声を以下のサイトから無料でダウンロードできます。

　URL http://www.shuwasystem.co.jp/support/7980html/4493.html

　音声のファイル名は本文記載のトラック名と対応しています。

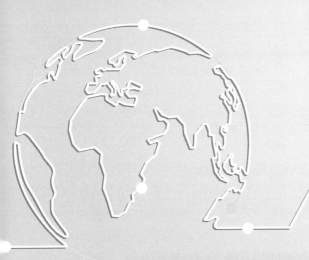

第1章

ビジネス英語雑談に便利なフレーズ集

まずは「ひとこと」英語で表現できるようになることが、雑談の達人への第一歩です。フレーズを適宜活用し、簡単な雑談を楽しめるようになりましょう。
うまく雑談を展開できれば相手と打ち解けた雰囲気が作り出され、今後の良好な関係の構築につながります。

①エンタメ関係の雑談

🔊 **TRACK 01**

テレビ番組、アニメ、映画などについて語るときに使えるひとことです。最初は、軽い内容の雑談から始めてみるのもよいでしょう。

(Have you) Seen any good movies lately?
最近、何か面白い映画を見ましたか？

What kind of TV shows do you like to watch?
どんなテレビ番組を見るのが好きですか？

My favorite show on TV now is ...
私が今一番好きなテレビ番組は…です。

I highly recommend checking out this season's *Taiga* Drama.
今期の大河ドラマは、ぜひ見るべきですよ。

Are you interested in Japanese anime?
日本のアニメに興味ありますか？

Have you ever seen the movie *Spirited Away*?
『千と千尋の神隠し』という映画を見たことはありますか？

I love all of Ghibli's movies.
ジブリの映画は全部好きです。

I liked that movie, too.
私もその映画、面白いと思いましたよ。

What was the last movie you saw in theaters?
あなたが最後に映画館で見た映画は、なんですか？

Who's your favorite *One Piece* character? Mine is Luffy.
『ワンピース』で一番好きな登場人物は誰ですか？ 私はルフィです。

②パーティでの雑談

🔊 **TRACK 02**

ビジネスパーソンにとって、パーティなどで会った人と「無難な雑談」をこなせるスキルは必須と言えます。意外な形で、仕事に繋がったりすることも珍しくありませんよね。

What's your favorite cocktail?
どんなカクテルがお好きですか？

第 1 章　ビジネス英語雑談に便利なフレーズ集

Do you prefer beer or cocktails?
ビールとカクテルでは、どちらがお好みですか？

I'm really into craft beer these days.
最近、地ビールにハマってまして…。

Are you enjoying the festivities?
祭典を楽しんでいますか？

Have you tried any of the food yet?
何か食べてみましたか？

Wine is fine, but whiskey is quicker.
ワインもいいんですけど、ウイスキーのほうが手っ取り早く酔えますので…。

Let me buy you a drink.
1杯おごりますよ。

The next round's on me.
次は私が払いますね。

Wow, you're a really good dancer.
うわあ、踊りがすごく上手なんですね。

Are Japanese parties different from those in your own country?
日本のパーティは、あなたの国のパーティと何か違いますか？

③ スポーツに関する雑談　　🔊 TRACK 03

　スポーツの話題は、雑談のトピックの定番中の定番ですね。たとえあなたがスポーツファンでなくても、ある程度は話題についていけるようにしておきましょう。

I'm a huge Giants fan.
ジャイアンツの大ファンです。

What's your favorite sports team?
あなたの好きなスポーツのチームはどこですか？

I usually only follow baseball and soccer news.
たいてい、野球やサッカーのニュースをチェックするぐらいですね。

I prefer playing sports to watching them.
スポーツは、やるよりも、見るほうが好きですね。

There's a great sports bar near here.

この近所に、すごくいいスポーツバーがあるんですよ。

Did you see last night's game?

昨夜の試合は見ましたか？

What sports do you watch?

どんなスポーツを見ていますか？

Did you know sumo wrestling is Japan's national sport?

相撲は日本の国技だって知っていましたか？

I went to a basketball game over the weekend.

週末に、野球の試合を見に行きました。

On the weekends, I get together with some of my coworkers and play baseball.

週末は、会社の仲間と集まって野球をしています。

④旅行や出張に関する雑談　　🔊 TRACK 04

　日本に出張で来ている外国人と雑談するときには、「どこの国に行ったことがありますか？」など、旅行について話すと盛り上がりますね。

I love to travel, but I hate flying.

旅行は好きなんですが、飛行機が苦手で…。

What countries have you been to?

どこの国に行ったことがありますか？

If you could go anywhere in the world, where would you go?

世界のどこにでも行けるとしたら、どこに行きますか？

Have you ever been to Europe?

ヨーロッパに行かれたことはありますか？

One of my favorite trips was the time I went to Egypt.

もっともよかった旅行の1つは、エジプト旅行です。

I'm planning to take a trip to Dubai this fall.

今年の秋に、ドバイに旅行する予定です。

One day, I'd like to travel around Europe.

いつか、ヨーロッパの周遊旅行をしてみたいと思っています。

第 1 章　ビジネス英語雑談に便利なフレーズ集

What cities have you been to in Japan?
日本のどの都市に行ったことがありますか？

Is this your first time traveling to Asia?
アジアに旅行するのは、これが初めてですか？

Do you find Tokyo an easy city to live in?
東京は暮らしやすい都市だと思いますか？

⑤ ニュースに関する雑談　　　　🔊 TRACK 05

「今日こんなことがあったそうですね」などと、ニュースに関する雑談をするには、こんなフレーズが役に立つでしょう。

I heard in the news that there was a major train accident this morning.
ニュースで知ったんですが、今朝、大きな列車事故があったそうですよ。

It seems like there's nothing but bad news on TV these days.
最近はテレビで悪いニュースばかり流しているように思います。

What kind of stories are in the news today in your country?
あなたの国では、今日はどんなニュースがありますか？

There've been a lot of natural disasters in the news lately.
最近、多くの自然災害がニュースになっていますね。

I try to follow both local and international news.
国内ニュースと国際ニュースの両方をチェックするようにしています。

Didn't you hear about it on the news?
その話を、ニュースで聞きませんでしたか？

Do you happen to have a copy of today's paper?
今日の新聞をお持ちだったりしませんか？

I read the Nikkei Shimbun every morning.
私は毎朝日経新聞を読んでいます。

I get most of my news from social media.
ニュースは、たいていソーシャルメディアでチェックしています。

I'm afraid I don't really follow the news.
あまりニュースは見ていないんです。

⑥音楽に関する雑談

🔊 TRACK 06

①の「エンタメ」に似ていますが、音楽に関する話題は、相手と好みがマッチすればかなり盛り上がります。ぜひ試してみてください！

What kind of music do you listen to?
どんな音楽を聴いていますか？

Do you play any musical instruments?
楽器は演奏されますか？

I prefer blues to jazz myself.
私は、ブルースよりもジャズが好きです。

I love classical music.
クラシックが好きです。

I'm a bit of a metalhead.
私はちょっとしたヘビーメタル音楽マニアです。

I've been playing the guitar for about five years now.
5年ぐらいギターを弾いています。

I wish I could play the piano. How about you?
ピアノが弾けたらなあと思います。あなたはどうですか？

I hear KISS is coming to Japan this year.
今年は KISS が日本に来るらしいですよ。

Have you ever seen Elton John perform live?
エルトン・ジョンのライブ演奏を見たことはありますか？

I was in a band in high school.
高校のころはバンドをやってたんですよ。

第 2 章

ビジネス英語雑談
インバウンド編

本書では、「日本に訪問・滞在している外国人ビジネスパーソンとの雑談」を「インバウンド雑談」と位置付けています。
自分の「ホームグラウンド」での勝負となるので、比較的ラクだと感じることが多いかもしれません。日本の文化や、ビジネス慣習など、相手が知りたがっていることを、雑談の中でうまく説明してあげましょう。

01 日本のピザは変わっている？

日本で宅配ピザのサービスが始まったのは、1985年だそうです。アメリカでは、すでに1960年から宅配ピザが存在していたそうです。日本のピザは、欧米とは少し違った進化を遂げてきたようで、外国人の目には奇異に映る場合もあるようです。

A: I'm famished. Let's order some pizza from Backgammon Pizza.

B: ①Good idea! Do you have a menu?

A: Here's their menu from their website. What would you like to order?

B: Hmm, these all look really strange. Don't they have any regular pepperoni or sausage pizzas?

A: Are they different from the pizzas in your country?

B: Yeah, we usually only have pepperoni or mushrooms and simple things like that.

A: Really? Well, ②how about we try some Japanese pizza with shrimp, crab meat and mayonnaise?

B: Okay. I'll try anything once. How much is it?

A: One large costs about 3,000 yen.

B: What?! That's twice the cost of a large pizza in my country!

A: But it also has a lot of great toppings. I'll order one with mayonnaise.

B: Why would anyone ever put mayonnaise on a pizza?

A: ③Trust me. I'm sure you'll like it.

B: Well, okay. But, can we also order some pepperoni pizza?

第2章　ビジネス英語雑談　インバウンド編 ……食文化

A: もう、腹ペコで死にそうです。バックギャモン・ピザに、ピザを注文しませんか？
B: いいですね！ メニューはありますか？
A: ホームページのメニューを見てみましょう。何を注文したいですか？
B: うーん、なんかヘンなピザばっかりですね。普通のペパロニやソーセージのピザはないんですか？
A: あなたの国のピザと、何か違いがありますか？
B: ええ。私の国の場合、たいてい、ペパロニやマッシュルームのようなシンプルなタイプのピザしかありません。
A: そうなんですか。じゃあ、小エビ、カニ、マヨネーズが載った、「日本風」のピザを頼んでみましょうか？
B: わかりました。物は試しということで…。いくらですか？
A: Lサイズで、1枚3000円ぐらいですね。
B: なんですって！ 私の国のLサイズのピザの、2倍の値段ですよ！
A: でも、日本のピザにはたくさんの素晴らしいトッピングがありますから…。私はマヨネーズ味のピザを注文しますね。
B: ピザにマヨネーズを載せるなんて…。
A: 大丈夫！ 絶対気に入ってもらえますから。
B: ならいいですけど、ペパロニピザも頼んでいいですか？

（**A:** 日本人／**B:** 外国人）

NOTES

- **famished**　「おなかがペコペコで」→ 本来は「飢えた」(= starved) という意味ですが、ここでは、やや大げさに「腹ペコ」だということを伝えるニュアンスです。
- **order A from B**　「BにAを注文する」→ from の後には「取り寄せ先」が入ります。
- **pepperoni**　「ペパロニ」　● **shrimp**　「小エビ」　● **one large**　ここでは one large pizza 「Lサイズのピザ」のこと。

01 日本のピザは変わっている？

 雑談ネタのポイント

　日本のピザのバラエティの豊かさは、特筆すべきものがあります。「キムチ味のピザ」「しょうゆ味のピザ」「おもちが入ったピザ」「明太子が入ったピザ」など、どうしてそのような発想に至ったのか、外国人には想像もつかないようなものばかりです。
　ピザというと「イタリア」が本場だと思われがちですが、アメリカ人にとってもピザはソウルフードのようなものになっています。また、アメリカの場合、地域ごとに特徴のあるピザが好んで食べられています。
　シカゴ風のピザといえば、deep-dish pizza「ディープディッシュピザ」。厚い生地のパンタイプのピザで、ソースやチーズがたっぷり載っていてボリューム満点です。一方、ニューヨークなどで見かけるピザは、生地が薄く、日本でよく見かけるタイプに近いものです。

 話を膨らませるためのポイント

Are they different from the pizzas in your country?
あなたの国のピザと、何か違いがありますか？

　このように、「相手の国との違い」を問うパターンは、様々な場面で活用できます。あまりステレオタイプに走りすぎるのも問題ですが、「ところ変われば品変わる」的な話は、異文化コミュニケーションにおける「鉄板」ネタの1つと言えます。なお、対象となるものが単数であれば、Is it different from ... in your country? となります。

 注目したいフレーズ

❶ Good idea!
　いいですね！

　相手の提案に対して、「それはいい考えですね！」と賛同を示すときに使えるひとことです。Good と idea をつなげて、一息に［グッダイディア］のように読むと、ネイティブらしい発音になります。Great idea! や Sounds good to me. などのバリエーションも押さえておきましょう。

第2章 ビジネス英語雑談 インバウンド編……食文化

A: Why don't we arrange a farewell party for Jim?
(ジムのお別れ会を開きませんか？)

B: Good idea! I know a great Italian restaurant near the station.
(いいですね！ 駅の近くに、とてもよいイタリア料理の店がありますよ)

❷ How about we ...?
…するというのはどうですか？

この How about we try ...? は、「文法的」には、How about if we try ...? という形が正しいのですが、ネイティブはこの if をよく省略してしまいます。What if we ...? も、ほぼ同じ意味の表現になります。

A: How about we discuss the matter over coffee?
(その件について、コーヒーでも飲みながら話し合いませんか？)

B: Why not? Let's go to the cafeteria then.
(いいですよ。じゃあ、カフェテリアに行きましょう)

❸ Trust me.
大丈夫！

かつて、日本の首相が無責任に Trust me. と言ってしまって、大問題になったことがありましたが、この表現は、割と「軽い気持ち」で使われることもあります。「私を信頼しなさい」という直訳の「重さ」とは裏腹に、カジュアルに「大丈夫だよ」「任せといてよ」程度のニュアンスで使う場合もよくあります。

A: Do you really think you can make it to the meeting?
(本当に、打ち合わせに間に合いますか？)

B: Trust me. I'll be there.
(大丈夫！ 必ず行きますから)

 ネイティブがよく使う「口ぐせフレーズ」

I'll try anything once.
物は試しということで…。

この once は「一度（は）」という意味です。「どんなものでも、とにかく一度は試してみることにしています」という意味で、「気乗りはしないが、食わず嫌いはよくないので、一応やってみます」という気持ちを相手に伝えることができます。

02 おすすめのラーメン屋さん

日本に来る外国人の多くが、日本のラーメンの「虜」になってしまうようです。また、彼らの多くは、そのバリエーションの豊富さにとても驚くようです。どんなラーメンが人気なのか、自分の好みも交えて、雑談してみましょう。

A: ①What kind of food do you like?

B: Oh, I can eat just about anything.

A: Well, how about ramen?

B: Yeah, I like ramen, but I've only had it once in Japan.

A: Really? What kind of ramen was it?

B: I don't know. What kinds are there?

A: The most common types are miso, soy sauce, pork and fish broth.

B: Wow, I didn't know there were that many different kinds.

A: ②There are also several different styles of preparing the noodles, and even places where you can get a refill of just noodles.

B: I'm getting hungry just hearing about it.

A: ③Would you like to try some ramen for lunch?

B: I sure would. Are there any good places within walking distance?

第2章　ビジネス英語雑談　インバウンド編……食文化

A: どんな食べ物が好きですか？

B: そうですねえ、大体なんでも食べられますよ。

A: じゃあ、ラーメンはどうでしょう？

B: ええ、ラーメンは好きですよ。でも、日本では、まだ一回しか食べたことがありません。

A: そうなんですか。どんなラーメンを食べましたか？

B: さあ…。どんな種類があるんでしょう？

A: 一般的なものとしては、味噌スープ、醤油スープ、豚骨スープ、魚介スープなどですね。

B: へえ、そんなに色々あるなんて、知りませんでした。

A: 麺の茹で具合にも、いくつか種類があります。麺のお替わりだけを注文できる店だってあるんですよ。

B: 話を聞いているだけで腹ペコになってきちゃいました。

A: じゃあ、お昼はラーメンにしてみますか？

B: ええ、そうしましょう。歩いていけるぐらいの距離で、どこかおいしい店はありませんか？

（**A:** 日本人／**B:** 外国人）

NOTES

● ramen 「ラーメン」→ ramen noodles と言うこともありますが、そのまま ramen だけで通じます。　● broth 「スープ、だし汁」→「とんこつスープ」は、pork bone broth あるいは pork broth と言います。　● prepare the noodles 「麺を茹でる」　● within walking distance 「徒歩圏内に」

02 おすすめのラーメン屋さん

 雑談ネタのポイント

　ラーメン好きの外国人は思ったよりも多いものです。ramen はすでに英語の辞書にも載っているほど、欧米でも一般的な食べ物です。英語圏の人たちの多くが、ramen は「日本の食べ物」だと認知しているように思われます。Wikipedia の ramen の項目を見ても、place of origin「発祥地」として、Japan が記載されています。
　しかし、日本の国内にラーメンのバリエーションが存在することは、あまり知られていません。一般的に知られた「醤油ラーメン」以外にも、「味噌ラーメン」や「塩ラーメン」などがあることを教えてあげて、実際に一緒に食べに行ったりすると、とても喜ばれると思いますよ。「魚介系」のラーメンは、特に珍しいので、話のネタとして重宝します。

 話を膨らませるためのポイント

Really?
そうなんですか。

　この Really? は、「へえ、そうなんですか」というニュアンスで、相手の発言に興味があることを示すためのフレーズです。このようなシンプルな「あいづち」的な表現をうまく活用して、自然な会話の流れを作り出していきます。Oh, really? のように、oh をつけることもできます。

 注目したいフレーズ

❶ What kind of food do you like?
どんな食べ物が好きですか？

　ストレートに食べ物の好みを聞くなら、この言い方がベストです。食事に誘う場合や、贈り物として食べ物を送る場合などに活用してみましょう。答える場合、I like Italian food.（イタリア料理が好きです）のように、「料理名の総称」を使うこともできます。

　A: What kind of food do you like?
　（どんな食べ物が好きですか？）

　B: I like spicy food. The hotter the better!
　（辛い食べ物が好きですね。辛ければ辛いほど好きです！）

❷ There are also several different ...
…にもいくつか種類があります。

several「2、3の」とdifferentは、このように組み合わせて使うことがよくあります。「…とひとくちに言っても、種類は1つだけではありません」というニュアンスで、話を広げるために使えるフレーズです。

A: So, a lot of couples in Japan have weddings at hotels.
（日本では多くのカップルが、ホテルで結婚式を挙げるのですね）

B: Right. There are also several different types of weddings, too.
（ええ。結婚式にもいくつか種類があるんですよ）

❸ Would you like to try ...?
…を試してみませんか？

「試しにやってみませんか」「試しに食べてみませんか」などのように、何か新しい遊びや食べ物などを試してみるよう、相手に誘いかけるときに使ってみましょう。Would you like to give it a try? のように言うこともできます。

A: What are you munching on?
（何を食べているんですか？）

B: These are Japanese rice crackers. Would you like to try some?
（おせんべいです。少し食べてみますか？）

 ## ネイティブがよく使う「口ぐせフレーズ」

just about
大体、ほとんど

この just about は「大体」「ほとんど」のようなニュアンスで、何かを強調するときによく用いられます。just about everywhere なら「ほとんどどこにでも」、just about anytime なら「だいたいいつでも」、just about perfect なら「ほとんど完ぺきな」という意味になります。

03 ラーメン激戦区

ラーメンは今や日本の「国民食」とも言えるものですが、日本中に点在する「ラーメン激戦区」というものが、一部の外国人には理解できないようです。日本の「ラーメンビジネスを巡る事情」について、楽しくおしゃべりしてみましょう。

A: The ramen industry is really competitive, you know.

B: Oh, how so?

A: Well, ①just like most industries, there is constant competition with other stores in the area.

B: Right, that makes sense.

A: But because it's the food industry, the ratio of cost to flavor is also important, so many places brag about the quality and flavor of their noodles or broth.

B: Are they really that different?

A: Yeah, there are many types of ramen broth and noodles, and certain food fads come and go.

B: Huh. I never thought ramen could be so competitive.

A: ②It's a pretty serious business. There are even magazines and blogs that offer the latest news on ramen shops.

B: Wow, that *is* serious. Do you read any of those magazines?

A: ③Me? No. I usually just check out whatever looks good when I walk by the store.

B: That's how I found all the restaurants I love, too.

第２章　ビジネス英語雑談　インバウンド編……食文化

A: ラーメン業界は、競争がとても激しいんですよ。
B: それはどうしてですか？
A: ほとんどの業界がそうであるように、エリア内の他の店と常に競争状態にあるからですね。
B: なるほど、納得です。
A: でも、食品業界ですから、「どれだけ安い値段で、どれだけ美味しいか」も重要です。だから、多くの店が、自分の店の麺やスープの質の高さや味のよさを喧伝しているわけです。
B: 店によって、そんなに大きく異なるものなのですか？
A: ええ、ラーメンのスープや麺には種類がたくさんありますし、ある種の流行り廃りもありますからね。
B: へえー、ラーメン業界で、そんなに熾烈な競争が行われていたなんて、考えたこともなかったですよ。
A: ラーメン業界は、確固たる一大ビジネスなんですよ。ラーメン屋さんの最新ニュースを案内する専門雑誌やブログまであるんですから。
B: ほお、それは大したものだ。あなたも、そういう雑誌を読むんですか？
A: 私ですか？　たいてい、私はたまたま通りかかって、よさそうだと思った店に試しに入るようにしています。
B: 私も、そうやってお気に入りのレストランを見つけましたよ。

（A: 日本人／B: 外国人）

NOTES

● competitive 「競争の激しい」→ competitive price 「他者と負けない価格」のように、「競争力のある」という意味もあります。　● the ratio of A to B 「AのBに対する比率」　● brag about ... 「…を誇示する、…を自慢する」　● check out ... 「…を調べる、…を確かめる」→ ここでは「試しに食べてみる」というニュアンスです。

03 ラーメン激戦区

雑談ネタのポイント

　東京都内をタクシーやバスで移動していると、妙にラーメン屋さんがたくさん立ち並んでいる「ラーメン激戦区」に出くわすことがあります。また、主要な駅などにも、ラーメン屋さんが密集している地域がありますよね。「なぜ同じものを売る店が密集していて、共存できているのか」が、外国人には不思議で仕方がないようです。

　蛇足ながら、東京近郊にお住まいの方でしたら、ラーメンをテーマにした「博物館」である、新横浜ラーメン博物館（http://www.raumen.co.jp）に連れて行ってあげるというのはどうでしょうか。さまざまなラーメンを一度に楽しむことができますので、おススメです！

話を膨らませるためのポイント

..., you know.
実は…なんですよ。

　文の最後に、この ..., you know. をつけることで「実は…なんですよ」「ところで…なんですよ」のように、新しい話題を提供するフレーズになります。うまく使えば、フレンドリーな雑談へと導入することができます。
　同じく know を使った Did you know that ...? も、定番の雑談導入フレーズの1つ。「…なんですけど、知ってましたか？」というニュアンスです。

注目したいフレーズ

❶ Just like most ..., there is[are] ～
たいていの…と同じように、～があります。

　これから言うことが「一般的な話」であることを示すために使います。most の後に「わかりやすい一般的な例」を続けます。as is often the case with ...「…にはよくあることですが」も、ほぼ同じニュアンスをもつ表現と言えます。

A: Living in Tokyo, I feel detached from nature.
（東京に住んでいると、自然から離れてしまっているように感じます）

第2章 ビジネス英語雑談 インバウンド編 ……食文化

B: Well, just like most other big cities, there are a lot of places richly endowed with nature in Tokyo.
（うーん、たいていの大都市と同じように、東京にも自然豊かな場所はたくさんありますよ）

❷ It's a pretty serious business.
それは確固たる一大ビジネスなんですよ。

a serious business は、「きちんとした事業」というニュアンスです。なお、冠詞をつけない It's serious business. なら、「子供の遊びじゃないんだ！」のような意味になります（この business は「重要な問題」というニュアンス）。

A: I heard working in the IT industry can be very stressful.
（IT 業界で働くというのは、ずいぶんストレスがあるらしいですね）

B: Yes, it's a pretty serious business.
（ええ、結構大変な仕事ですので）

❸ Me?
私ですか？

「え？ 私ですか？」と、応じるパターン。単に相手の質問に答えるだけではなく、たまにはこんなシンプルなレスポンスを返してみても面白いのでは？

A: I heard that most Japanese like watching baseball on TV. Do you watch baseball games on TV?
（日本人はたいてい、テレビで野球観戦するのが好きらしいですね。あなたも、テレビで野球の試合を見たりしますか？）

B: Me? Well, I'm not really interested in sports in general.
（私ですか？ うーん、私は、スポーツ全般にあまり興味がないんですよね）

 ## ネイティブがよく使う「口ぐせフレーズ」

Right, that makes sense.
なるほど、納得です。

make sense は「意味を成す」、つまり「理に適う」ということ。相手の発言に対して、「なるほど、それはもっともです」と応じたい場合に、このフレーズがよく使われます。いったん納得したうえで、Right, that makes sense. However, ... のように、反対意見を続けて述べる場合もありますね。

04 焼肉を食べてリフレッシュ！

焼肉屋にはたくさんのメニューがある上に、店内で生肉を自分で焼くというスタイルは、多くの外国人にはなじみが薄いもの。注文の仕方などを丁寧に説明してあげると、フレンドリーな雑談を展開するよいきっかけになることでしょう。

A: Let's have some Korean barbeque.
B: Sure. How do you order?
A: It's a little work, but ①it's easy once you get used to it. First, you order what cuts of meat you want.
B: Okay. And what kind of meat do they have?
A: ②They have beef, pork and, at some places, chicken.
B: I see.
A: They also have *horumon-yaki*, which is beef or pork offal, and many other side dishes and vegetables.
B: Hmm. I think I'll stick with the meat this time, thanks.
A: Suit yourself, but it's really delicious.
B: ③I'll take your word for it. Wait, why did they bring us raw meat?
A: Oh, you cook it yourself here on this grill.
B: Ah, so that's what that's for. Can you explain what all of these sauces are?

第2章 ビジネス英語雑談 インバウンド編……食文化

A: 焼肉を食べましょうか。
B: いいですね。どうやって注文するのですか。
A: 少し手間ですが、慣れてしまえば簡単ですよ。まずは、頼みたい部位を注文します。
B: わかりました。それで、どんな種類の肉があるのですか？
A: 牛肉、豚肉、それと、店によっては鶏肉もあります。
B: なるほど。
A: ホルモン焼きという、牛や豚の臓物も置いています。たくさんのサイドメニューや野菜などもありますよ。
B: うーん、今回は（臓物はパスして）肉だけにしようと思います。
A: どうぞご自由に。でも、ほんとにおいしいんですよ。
B: あなたの言うことを信じますよ。え、どうして生の肉を持ってくるんですか？
A: ああ、ここでは、焼き網で自分で焼くんですよ。
B: ああ、生肉を出すのは、そういうことなんですね。どうして、こんなにたくさんソースがあるんですか？

（**A:** 日本人／**B:** 外国人）

NOTES

- **offal** 「（動物の）臓物」 ● **side dish** 「付け合わせの料理」 ● **stick with ...** 「…にくっついて離れない」→「ある考えなどに固執する」というニュアンスでも使えます。
- **raw meat** 「生の肉」→ なお、「刺身」は sashimi で OK。raw fish というと、「（丸ごとの）生魚」のようなイメージになり、人によっては気持ち悪さを覚えてしまう場合も。

04 焼肉を食べてリフレッシュ！

 雑談ネタのポイント

　日本や韓国でよく見られるタイプの焼肉では、「臓物」も食べるのが一般的ですが、牛や豚の内臓を食べることに抵抗を示す外国人も少なくありません。無理強いは禁物です。
　また、焼肉屋さんでは、「レバーの刺身」や「ユッケ」など、生の肉が供されることが有りますね。しかし、生肉に対する抵抗感は、国によってはものすごく強い場合があります。こちらも、決して無理に食べさせたりしないようにしましょう。
　ちなみに、アメリカにも「レバ刺し」のような珍味（delicacies）はあります。たとえば、Rocky Mountain oysters「ロッキー山脈のカキ」をご存知ですか？　これは、実は「牛の睾丸」のこと。見た目がカキに似ているために、このような呼称がついたそうです。フライにして食べるのが一般的です。

 話を膨らませるためのポイント

Suit yourself.
ご自由にどうぞ。

「自分の好きなようにしなさい」ということ。相手が「何かをしたい」と言ってきたときに、相手の意志を尊重してフレンドリーに「どうぞ、どうぞ」と促すための表現です。Have it your way. などと言い換えることもできます。
ちなみに、Help yourself. も「どうぞ」という意味ですが、こちらは「どうぞ召し上がり下さい」などのように、こちらから積極的に「何かを勧める」場合に用います。

 注目したいフレーズ

❶ It's easy once you get used to it.
慣れてしまえば簡単ですよ。

once ... は「いったん…」という意味の接続詞。It's easy once you know how. なら「やり方さえわかってしまえば簡単ですよ」、また、It's easy once you get the hang of it. なら「コツをつかんでしまえば簡単ですよ」という意味になります。

第2章 ビジネス英語雑談 インバウンド編……食文化

A: I'm not good at using chopsticks.
（私は箸を使うのが上手ではありません）

B: It's easy once you get used to it. Just hold them like this.
（慣れてしまえば簡単ですよ。こんなふうに持てばいいんですよ）

❷ They have ...
…があります。

「この店のメニューには…があります」を英語で言おうとすると、なかなか適切な表現が思い浮かばないかもしれません。この They have ... のようなシンプルな表現を使うのが最も自然です。

A: They have *okonomiyaki*, *takoyaki* and *taiyaki*.
（お好み焼き、たこ焼き、たい焼きがありますよ）

B: I'll try *takoyaki* this time. What will you have?
（今回は、たこ焼きを食べてみます。あなたは何にしますか？）

❸ I'll take your word for it.
あなたの言うことを信じますよ。

take one's word for it は、「…の言葉を信じる」という意味の表現です。「大丈夫だから信用しなさい」と相手を安心させるなら、Just take my word for it. と言ってみましょう。Just take my word for it and ... なら、「だまされたと思って…してみなさい」という意味になります。

A: Believe me, it's really delicious.
（信じてください。すごく美味しいですから）

B: I'll take your word for it. Make it two.
（あなたの言うことを信じます。同じものをもう1つお願いします）

 ネイティブがよく使う「口ぐせフレーズ」

That's what that's for.
そういうことなんですね。

直訳すると、「それが、そのためのものなのですね」のようになります。この That's what ... for. というパターンは、決まり文句的に使うこともよくあります。That's what friends are for.（そういうときのために友達がいます）は、「水臭いなあ、友達だろ」のようなニュアンスの紋切型表現です。

05 残業は美徳？

「なぜ日本人は残業をするの？」という外国人の素朴な疑問に、どう答えたらいいのでしょうか。また、仕事の後の「飲み会」も、日本で働く外国人にとっては、理解しがたいビジネス習慣の1つです。

A: <u>Say,</u> why do you Japanese work so much? Do you get paid a lot for overtime ① <u>or something?</u>

B: <u>Actually,</u> overtime pay isn't really that good at most companies, and some places don't even offer any.

A: You don't say. Then why does everyone stay so late at work?

B: Well, many of us feel a sense of obligation to our company and our team of coworkers, so we all stay behind to get all of our work done.

A: Don't you miss your families?

B: Sure we do, but in some ways, our coworkers also become our family. So, we work hard for both of our families.

A: I see. All of that work seems like it would be pretty tiring.

B: It's not all work. We often have drinking parties with our coworkers, too.

A: Okay. So those are times to relax and get to know each other, right?

B: Yes. But sometimes we also discuss business at drinking parties. Overtime or not, working late is just a part of life for us.

A: ② <u>I guess that makes sense.</u> I just don't think I could do it myself.

B: ③ <u>To each his own,</u> I suppose. Now that you mention it, I think I'm supposed to attend a drinking party this Thursday...

第2章　ビジネス英語雑談　インバウンド編 …… 日本のビジネス習慣

A: ところで、どうしてあなたたち日本人は、そんなに働くんですか？ 残業代がたくさん出たりするんですか？

B: 実際のところ、たいていの会社では、それほど残業代は高額ではありません。残業代を一切出さない会社すらあるくらいですよ。

A: まさか！ じゃあ、一体どうして、みんなあんなに残業するんですか？

B: うーん、日本人の多くが勤め先や同僚に対して、義理のようなものを感じているのです。そのため、すべての仕事を終わらせようと、遅くまで残るんです。

A: 家族に会いたくはないのですか？

B: それはそうですけど、ある意味、会社の同僚も自分の家族みたいになるんです。だから、言わば、本当の家族と会社の家族の両方のために、一生懸命働いているわけです。

A: なるほど。でも、そんなに働いてばっかりいては、かなり疲れてしまいそうですね。

B: 仕事ばかりというわけではありませんよ。同僚とよく飲み会を開いたりもしていますし。

A: なるほど。そういった飲み会は、リラックスしたり、お互いのことを知る機会になっているわけですね。

B: そうです。でも、飲み会では、仕事のことを話し合ったりもしますよ。(会社での)残業であろうとなかろうと、遅くまで働くことは、私たちの生活の一部になっています。

A: そういうものなんでしょうね。私にできるとは、とうてい思えませんけど…。

B: まあ、人それぞれですからねえ。そういえば、今週の木曜日は、飲み会に参加することになってたんだっけ…。

（**A:** 外国人／ **B:** 日本人）

NOTES

- **overtime**　「残業；時間外の；時間外に」→ 名詞・形容詞（例：overtime pay「残業手当」）・副詞（例：work overtime「残業する」）が、すべて同じ形になります。
- **a sense of obligation to ...**　「…に対する義務感、…に対する恩義」　● **coworker**「同僚」
- **stay behind**「後に残る」

05 残業は美徳？

雑談ネタのポイント

「日本人はワーカホリックだ！」と決めつけている外国人は意外に多いもの。あなたがち間違った認識ではないわけですが、少なくとも、彼らに対して「日本人のメンタリティ」について正しく説明してあげておいたほうがいいと思います。

ダイアログの中で、同じ会社の社員たちが共有している、一種の「家族意識」について触れられています。このような感覚を外国人にも強制することは無理でしょうが、説明すれば必ず理解してもらえるはずです。

日本的な「飲み会」も、単に「義務」ということだけでなく、この「家族意識」に根差しているという側面もあることを彼らにわかってもらいましょう。

話を膨らませるためのポイント

Actually, ...
実際のところ…。

actually は、とても使い勝手のよい副詞です。相手の発言を受けて、「そう思うかもしれないが実際は…」のように、「反対のこと」を述べる際に使う前置き表現です。また、会話では、若者言葉の「っていうか…」に近いニュアンスで、特に深い意味のない「強調」の表現として使われることもよくあります。

注目したいフレーズ

❶ ... or something?
…だったりするんですか？

... or something は「…か何か」という意味ですが、これをつけることによって、語調を和らげる効果があります。「…か何か」と、「決めつけ」を防ぐことによって、相手に与える印象がよくなります。

A: That'll be 3,600 yen.
（お会計は 3600 円になります）

B: Here you go. Do I get a receipt or something?
（はい、どうぞ。領収書か何かをいただけますか？）

第２章　ビジネス英語雑談　インバウンド編……日本のビジネス習慣

❷ I guess that makes sense.
そういうものなんでしょうね。

単に、素直に「そうですね」と応じるのではなく、渋々と「そういうもんなんでしょうね」と相手の意見を認める場合に使ってみましょう。I guess. や I guess so. なども、ほぼ同じニュアンスのひとことになります。

A: There's no choice but to agree to the 10 percent discount they offered.
（向こうが提案してきた10％の値引きに応じるしかありません）

B: I guess that makes sense.
（まあ、そうかもしれませんね）

❸ To each his own.
人それぞれですからね。

To each his own taste. を省略した形。「蓼食う虫も好き好き」「人の好みは様々だ」という意味です。Each to his own. と言うこともできます。また、his の代わりに their を使って、To each their own. とも言えます。

A: I don't really like *natto*. I just can't stand the smell.
（納豆はあまり好きではありません。匂いが耐えられないんです）

B: To each his own. *I* absolutely love it, though.
（人の好みは様々ですからね。私は大好物ですが…）

 ## ネイティブがよく使う「口ぐせフレーズ」

Say, ...
ところで

say は、もちろん本来は「言う」という意味の動詞ですが、実際の会話では「間投詞」のように使われることがあります。「そういえば」「ねえ」のようなニュアンスで使われるほか、Can you play any musical instruments like, say, the guitar?（何か楽器を弾けますか？　たとえば、ギターとか？）のように、「そうだなあ、たとえば…」という意味でも使います。

「先輩・後輩」システムについて

特に欧米を中心として、日本の会社で働く外国人の多くが、「先輩・後輩」の関係がいまひとつ理解できていないようです。彼らに、そのメリットとデメリットについて説明してあげましょう。

A: ①Could you tell me a little about the *sempai* and *kohai* system you have here in Japan?

B: Sure. *Sempai* and *kohai* have a senior and junior relationship, where the *sempai* are the seniors and the *kohai* are the juniors.

A: Oh, so that's what it means.

B: Yes, though ②there's more to it than that. It's something that starts in school and continues in companies and our interpersonal relationships.

A: Okay, so it's not just part of business culture, but also part of everyday life.

B: Right. And ③like anything, it has its pros and its cons.

A: Such as?

B: Well, it makes the chain of command very clear and helps keep teams running smoothly.

A: I suppose that would make things easier.

B: But on the other hand, it is very difficult to do anything outside of your position if you are a junior, which can be especially troubling if you have a bad superior. And superiors may at times feel overwhelmed by all of the responsibilities they have.

A: That's understandable. I see how the *sempai* and *kohai* system can be both helpful and a hindrance at the same time.

B: Yeah. Do you have anything similar in your country?

第2章　ビジネス英語雑談　インバウンド編 …… 日本のビジネス習慣

A: 日本の「先輩・後輩」制度について、少し教えてもらえませんか？

B: いいですよ。先輩・後輩は「年上・年下の関係」を示しています。先輩が年上、後輩が年下になります。

A: なるほど、そういう意味なんですね。

B: ええ。でも、単にそれだけの関係ではありません。先輩・後輩の関係は、学生時代から始まり、会社の中、そして人間関係の中に引き継がれています。

A: ということは、ビジネス文化だけでなく、日常生活の一部にもなっているということですね。

B: そうです。そして、何事もそうだと思いますが、この制度には良い面と悪い面があります。

A: 具体的には？

B: 指揮系統が明確になるため、チームを円滑に運営できるようになります。

A: いろいろとやりやすくなるでしょうね。

B: でも、その一方で、後輩が自分の立場を超えて何かをすることはとても難しいのです。特に、目上の人に問題がある場合、厄介なことになります。目上の人も、その責任の重さに参ってしまうことがあります。

A: わかります。「先輩・後輩」制度は、役に立つこともあれば、同時に障害にもなり得るんですね。

B: そういうことです。あなたの国にも、似たような制度はありますか？

（**A:** 外国人／**B:** 日本人）

NOTES

- interpersonal relationship 「対人関係、人間関係」 ● everyday life 「日常生活」→ この everyday は「形容詞」です。「毎日」という副詞の場合は、2語の every day を用います。
- pros and cons 「良い点と悪い点、賛否両論」 ● the chain of command 「命令体系、指揮系統」 ● at times 「ときどき」 ● feel overwhelmed 「圧倒される」 ● hindrance 「障害」→ hinder 「…を妨げる」の名詞形。

06 「先輩・後輩」システムについて

雑談ネタのポイント

　日本の企業文化の1つとして定着している「先輩・後輩」制度は、海外の人たちにとっては奇異に映るようです。「良い点」と「悪い点」の、両方の面から論じてあげると、きちんと理解してもらえるでしょう。

　欧米では、「入学年度」や「入社日」、あるいは「在籍年数」などに基づいた上下関係は一般的ではありません。そのため、相手がたとえ「先輩」であっても、ある程度親しい間柄であれば、ファーストネームで呼び合うのが当然です。ただし、このようなフランクな関係は、お互いに対する信頼感があるから成り立っています。ですから、親しい関係を構築できていない段階では、きっちりと敬語を使って話すべきです。単に「先輩だから」「年長者だから」というだけでは、相手の信頼を勝ち取ることはできないのです。

話を膨らませるためのポイント

Do you have anything similar in your country?
あなたの国にも、似たようなものはありますか？

日本独特の文化や風習などについて説明した後で、このような質問を相手に投げかけることで、自然に話は膨らんでいきます。こちらの言いたいことを一方的に説明するのでなく、このように相手にも適宜話を振るようにしたいものです。会話のキャッチボールを楽しむようにしてください！

注目したいフレーズ

❶ Could you tell me a little about ...?
　…について、少し教えてもらえませんか？

わからないことに関して簡単な説明などを求める際に使います。仮定法を使ったCould you ...? のほうが、Can you ...? よりも丁寧なニュアンスになります。また、little は、[リロゥ] のように、[t] を日本語の「ラ行」の音のように発音すると、自然な感じになります。

　A: Could you tell me a little about your company?
　（御社について、少し教えてもらえませんか？）

第 2 章　ビジネス英語雑談　インバウンド編 ……日本のビジネス習慣

B: **We are a publisher of non-fiction titles that cover a wide range of subjects.**
（弊社は出版社で、さまざまなテーマのノンフィクションを出しています）

❷ There's more to it than that.
単にそれだけではありません。

「それには、それ以上のことがあります」→「単にそれだけではありません」ということ。There is [are] ... の、いわゆる「存在文」には、こんな便利な使い方もあるということを覚えておきたいですね。

A: **Maybe I should quit smoking for the sake of my health.**
（健康のために、煙草をやめようかと思っています）

B: **That's great, but there's more to it than that. You can also save considerable money.**
（それは素晴らしいですが、単にそれだけではありませんよ。かなりのお金を節約することもできます）

❸ Like anything, it has its pros and its cons.
何事もそうだと思いますが、それには良い面と悪い面があります。

pros and cons は「良い点と悪い点」で、What are the pros and cons of ...?（…の良い点と悪い点はなんですか？）のように用います。merits / demerits も、同じような意味で使われる単語です。

A: **I wish I could live in the countryside.**
（田舎で暮らしたいなあ）

B: **Well, like anything, country life has its pros and its cons.**
（うーん、何事もそうだと思いますが、田舎暮らしにも良い面と悪い面がありますよ）

 ## ネイティブがよく使う「口ぐせフレーズ」

I see how ...
…なんですね。

この how は「いかに…」という意味ではなく、that に近いイメージで、単なる従属接続詞のような役割を果たしています。how に続けて「普通の文」を続けることで、「…なんですね。知らなかったです」のように、少し感心したような気持ちを相手に伝えることができます。

07 会社でファーストネームで呼ばないのはなぜ？

TRACK 13

「なぜ、まわりのみんなは、自分のことをファーストネームで呼んでくれないんだろう」という悩みを解決してあげましょう。p. 36 で取り上げた「先輩・後輩」の話と絡めると、もっと面白くなるかもしれません。

A: Hey, can I ask you a quick question?
B: Sure. Go ahead.
A: ①How come everyone here keeps calling me by my last name, even though I tell them it's okay to call me by my first name?
B: ②That's probably because, in Japan, we only call very close friends and family members by their first names or nicknames.
A: Oh, really? So you don't call your coworkers by their first names?
B: No, we call them by their family names and add "-san" to the end of their name. It's similar to "Mr." or "Ms."
A: Alright, now I understand.
B: Right. So, most people would call you by your last name and add "-san."
A: Okay. What about small children? Would you call them by their last names, too?
B: We would usually call small children by their first names and add "-chan" to the end of them.
A: ③What does "-chan" mean?
B: It means "little" or "small" and it's used when addressing small children or animals. Have you ever heard anyone use it?

第 2 章　ビジネス英語雑談　インバウンド編 ……日本のビジネス習慣

A: ちょっと聞いてもいいですか？
B: ええ、どうぞ。
A: どうして、みんな私のことをラストネームで呼ぶんでしょうか。ファーストネームで呼んでもいいんですよって、伝えているのに…。
B: それはたぶん、日本では、かなり親しい友達や、家族でない限り、ファーストネームやニックネームで呼んだりしないからですよ。
A: え、そうなんですか？　だから、同僚をファーストネームで呼ばないわけですね？
B: そうです。私たちが同僚を呼ぶ場合、名字の後ろに「さん」をつけます。英語のMr. や Ms. みたいなものです。
A: なるほど、わかりました。
B: ええ。ですから、多くの人が、あなたのことを、名字のあとに「さん」をつけて呼ぶでしょうね。
A: なるほど。小さな子供の場合はどうですか？　相手が小さな子供であっても、名字で呼ぶのですか？
B: たいてい、小さい子供のことはファーストネームで呼びます。ファーストネームの後に「ちゃん」をつけますね。
A: 「ちゃん」って、どういう意味ですか？
B: 「幼い」「小さい」という意味で、小さい子供や動物などに話しかけるときに使われます。誰かが「ちゃん」を使うのを、耳にしたことはありませんか？

（**A:** 外国人／**B:** 日本人）

NOTES

● close friends 「親しい友だち」　● address 「…を呼ぶ」→ address ... by 〜なら、「…を〜と呼ぶ」という意味になります。

07 会社でファーストネームで呼ばないのはなぜ？

雑談ネタのポイント

　アメリカ人をはじめとした欧米の人たちの多くは、ある程度親しくなれば、すぐにファーストネームを使って呼び合うようになります。ずっと共に仕事をしている仲間のことを、Mr. / Ms. で呼ぶのは、あまりによそよそしすぎるので、「もしかして嫌われているのでは…」などと思われてしまう危険性があります。

　あるアメリカ人の友人に、その人がファーストネームで呼び合っている相手のラストネームを聞いたら、なんと「知らない」と言われたことがあります。日本では、「名字だけは知っている」という、これとは逆のパターンはよくありますが、「ファーストネームは知っているのに名字は知らない」ということは、まずありえないのではないでしょうか。

 話を膨らませるためのポイント

It's similar to ...
…みたいなものです。

　日本独特の概念や習慣などを外国人に説明してあげる場合、このような表現を使って、「似たもの」を引き合いに出すとわかりやすくなると思います。similar の代わりに like を使って、It's like ... のように言うこともできます。

 注目したいフレーズ

❶ How come ...?
どうして…なんですか？

　How come の後に「普通」の文を続けるだけで、「どうして…なんですか？」という疑問文になります。Why よりも使いやすいので、バリエーションの1つとして使いこなすと表現力の幅が広がります。

> A: **How come** John's still not here? Didn't you tell him about the meeting?
> （どうしてジョンはまだ来ていないんですか？ 会議のことを伝えなかったんですか？）
> B: I sure did. Let me call him on his cell.
> （ちゃんとしたんですけど…。携帯にかけてみます）

第2章　ビジネス英語雑談　インバウンド編 …… 日本のビジネス習慣

❷ That's probably because ...
それはたぶん、…だからです。

「断言はできないけれども、おそらく理由はこういうことだと思います」と、憶測で理由を説明するなら、このように言うといいですね。probably よりも確信度が高い場合は、たとえば That's most likely because ... などを使うといいでしょう。

A: I've been forgetful these days. I seem to have a mind like a sieve.
（最近、物忘れが激しくて。頭がザルのようになってしまったようです）

B: If you ask me, that's probably because you are tired. You've been working too hard.
（私に言わせれば、それはおそらく、あなたが疲れているからですよ。働きすぎです）

❸ What does ... mean?
…はどういう意味ですか？

ある言葉の意味がわからなかった場合には、この表現を使って確認することができます。また、このように質問された場合には、It means ... の形で答えるのが基本です。

A: What does *nomi-hodai* mean?
（「飲み放題」って、どういう意味ですか？）

B: It means "all-you-can-drink" in Japanese.
（それは日本語で「いくらでも飲んでよい」という意味です）

 ## ネイティブがよく使う「口ぐせフレーズ」

a quick question
ちょっとした質問

「すぐに片付くと思われる簡単な質問」のことを、a quick question といいます。Can I ask you a quick question? で、「ちょっと聞いてもいいですか？（すぐに済みますので）」という意味になります。Just a quick question. だけでも、「ちょっと聞きたいんだけど…」という意味になります。

08 日本の名刺文化について

名刺は、その人の「顔」のようなものであるから、ぞんざいに扱ってはいけないとされています。しかし、海外の人は「単なる紙」だと思っている場合が多いようですね。日本式の「名刺文化」について、理解を深めてもらいましょう。

A: ①I've noticed that exchanging business cards in Japan is done very formally.

B: Yes, exchanging business cards properly is a very important part of business manners in Japan.

A: I see. What are some things to keep in mind when exchanging business cards in Japan?

B: ②One important thing is to always give and receive business cards with both hands.

A: Okay.

B: Also, once you receive someone's business card, don't just put it in your pocket. Hold on to it and take a look at it, and if you are sitting at a table, leave it on the table for a bit.

A: I see. That would make it easier to remember people's names when meeting with them.

B: Right. Consider the business card to be an extension of the person.

A: ③What do you mean?

B: Well, for example, don't write on it or fold it.

A: Alright. I'll do my best to remember that.

B: Did that help answer your question?

第2章　ビジネス英語雑談　インバウンド編……日本のビジネス習慣

A: 日本では、名刺交換は、とても礼儀正しく行われるんですね。
B: ええ。名刺を正しく交換することは、日本のビジネスマナーにおいて大変重視されています。
A: なるほど。日本では、名刺交換をする際、どんなことに気をつけたらいいですか？
B: まず、名刺の受け渡しは、必ず両手でするようにしてください。
A: わかりました。
B: もう1つ、相手から名刺をもらったら、そのままポケットに入れたりしないでください。ちゃんと手で持って、相手の名刺を見てください。テーブルに着いている場合は、名刺はテーブルの上にしばらく出しておきます。
A: なるほど。そうすれば、打ち合わせのときに、参加している人の名前を憶えやすくなりますね。
B: そうですね。名刺は、その人物の「延長」であると考えましょう。
A: どういう意味ですか？
B: つまり、たとえば、名刺に何かを書き入れたり、名刺を折ったりしてはいけないのです。
A: わかりました。覚えておくようにします。
B: これで、質問の答えになったでしょうか。

（**A:** 外国人／**B:** 日本人）

✏ NOTES

- exchange 「交換する」　● keep ... in mind 「…を頭に入れておく」→ keep in mind that ... 「…ということを頭に入れておく」という形も使えます。　● hold on to ... 「…を持ち続ける、…にしがみつく」　● sit at ... 「(テーブルなどに) 着く」→ sit on a table では「テーブルの上に座る」ということになってしまいます。　● extension 「延長 (したもの)」

08 日本の名刺文化について

雑談ネタのポイント

　自分のチームのメンバーや部下に、日本の企業文化に不慣れな外国人がいる場合は、その人に名刺交換の「しきたり」について教えてあげるといいでしょう。彼らは、たとえば相手の携帯電話の番号や緊急連絡用のメールアドレスなどを、その場で名刺にメモすることがよくあります。このやり方は、本当はとても合理的なのですが、相手によっては無礼だと思われてしまうことがあります。相手の目の前でメモをするのはやめるよう、前もって言っておいたほうがいいと思います。
　名刺交換のマナー以外にも、会議中に足を組んだり、足をテーブルの上に乗せたり、深く座って椅子の背もたれを反らせるなど、リラックスしすぎるのも好ましくありません。こういうことも、前もって注意しておいたほうがいいでしょう。

 話を膨らませるためのポイント

Did that help answer your question?
これで、質問の答えになったでしょうか。

　help は大変使い勝手のよい動詞で、〈help＋人＋動詞〉の「人が…するのを手伝う」というパターン以外にも、このように〈help＋動詞〉の形でも使われます。「質問に答えるのに、その情報が役立ったでしょうか」が直訳ですが、このような一種の「決まり文句」もうまく使って、会話を進めていくといいですね。

 注目したいフレーズ

❶ I've noticed that ...
　…ということに気づきました。

「…ということに気づきました。知ってましたか？」のようなニュアンスで、相手に自分が気が付いたことを伝えて、会話の糸口にするための表現です。たいていの場合、相手は「ええ、そうなんですよ」あるいは「へえ、私も知らなかった」などのように、話に乗ってきてくれるはずです。

　A: I've noticed that our boss is in a bad temper today.
　（今日は、上司の虫の居所が悪いようですね）

第2章 ビジネス英語雑談 インバウンド編 ……日本のビジネス習慣

B: Yeah. I wonder what happened.
(ええ。何があったんですかねえ)

❷ One important thing is ...
大切なことは…です。

相手に特に注意しておきたいことがあったら、このフレーズを使って伝えましょう。One important thing is that ... のように that 節を続けてもいいですし、to 不定詞を続けることもできます。

A: I'm worried about the presentation tomorrow. Any advice?
(明日のプレゼンが不安で…。何かアドバイスはありませんか？)

B: Well, **one important thing is** to always use positive language.
(うーん、大切なのは、常に肯定的な表現を使うことですね)

❸ What do you mean?
どういうことですか？

相手の発言の意味や意図がわからないときに、確認するために使います。言い方によっては、「どういうつもりだ！」のように、相手に食って掛かっているような感じになってしまうので、イントネーションに気をつけましょう。

A: **What do you mean** "you don't know?"
(「知らない」って、どういうことですか？)

B: I mean just what I said. I don't know anything about it.
(どうって、そのままの意味ですよ。それについては、何も知らないんです)

 ## ネイティブがよく使う「口ぐせフレーズ」

What are some things ...?
…には、どういうものがありますか？

What と are を続けて［ワラ］のように発音すると、ネイティブらしくなります。具体的な例を挙げてもらいたいときなどに、よく使うパターンです。things の後には、たとえば What are some things (that) I can do to stay in shape?（健康を保つために、どんなことができるでしょうか）のように、that 節を続けても構いません。

09 地元のおすすめスポット・おすすめ料理

🔊 **TRACK 15**　京都出身の人が、京都の見どころを説明しているシーンです。このように、出身地について説明してあげると、外国人に喜ばれると思います。東京以外の場所について知りたがっている外国人は意外と多いものですよ。

A: So what are some of your favorite spots in this city?

B: Actually, ①I'm not too familiar with this city. I'm from Kyoto.

A: Oh, Kyoto! ②What's it like there?

B: Well, it has a lot of ancient traditional temples and shrines, and a lot of unique food, too.

A: Oh really?

B: Yeah. One of its most famous temples is Kiyomizu-dera, a Buddhist temple that has been around for hundreds of years.

A: Sounds interesting. I really like visiting Japan's shrines and temples.

B: Kiyomizu-dera also has several interesting shops and stores lining the streets around it, and some of the shops serve famous Kyoto dishes like kyoyasai, or Kyoto vegetables.

A: I'd like to check that out sometime.

B: I also recommend heading out to Arashiyama and riding the Sagano Scenic Railway.

A: ③What is there to see in Arashiyama?

B: Arashiyama has some amazing natural scenery. There is also a very famous bridge there.

第 2 章　ビジネス英語雑談　インバウンド編 ……国内旅行

A: それで、あなたがこの都市で好きな場所はどこですか？
B: 実は、あまりこの都市のことはくわしくないんです。京都出身でして。
A: え、京都ですか！ どんなところなんでしょうか。
B: ええ、古くからある伝統的な神社仏閣がたくさんありますし、京都独自の食べ物もたくさんありますよ。
A: へえ、そうなんですか。
B: ええ。最も有名な寺院の 1 つが清水寺ですね。何百年も前に建てられた仏教寺院です。
A: 興味深いですね。私は、日本の神社仏閣を訪れるのがすごく好きなんです。
B: 清水寺の界隈には、面白いお店もいくつか軒を連ねています。京野菜、つまり京都の野菜などの、有名な京料理を出すお店なんかもあるんですよ。
A: いつか行ってみたいです。
B: 嵐山まで足を延ばして、嵯峨野観光鉄道に乗ってみるというのもお勧めですよ。
A: 嵐山では、どんな観光が楽しめますか？
B: 嵐山は、素晴らしい自然の風景を楽しめます。さらに、大変有名な橋もあるんですよ。

（A: 外国人／B: 日本人）

NOTES

● spot 「地域、場所」　● familiar 「知っている」　● ancient 「古くからの、古代の」→ 発音は[エインシェント]です。　● temple 「寺」　● shrine 「神社」　● scenery 「景色、風景」

09 地元のおすすめスポット・おすすめ料理

 雑談ネタのポイント

　自分の出身地や、住んでいる街について、いつでも英語で説明できるようにしておくと、雑談のときにとても役に立ちます。ご自身の出身地が著名な観光地だったら、意外な「穴場スポット」を説明してあげたりしたら、とても喜ばれるのではないでしょうか。
　特にアメリカ人の若者などは、自分の出身地・地元に対する帰属意識が強い場合があります。そのため、彼らの多くも故郷に関する説明をするのが好きだったりします。こちらから、Where are you from?（どちらのご出身ですか？）や What's your hometown like?（あなたの故郷はどんなところですか？）などと、話を振ってあげるのもいいかもしれません。

話を膨らませるためのポイント

I also recommend ...
…もお勧めです。

　まず一番のお勧めについて話した後、もっと他にもお勧めしたいことがあったら、この表現を使って話をつないでいきます。なお、逆に相手にお勧めを聞きたかったら、What do you recommend?（何がお勧めですか？）を使えば OK です。

 注目したいフレーズ

❶ I'm not too familiar with ...
…にはそれほどくわしくありません。

　I don't know. と「全否定」してしまうよりも、このように言ったほうが、相手に与える印象がよくなります。I don't know much about ... も、ほぼ似たニュアンスの表現になります。

> A: **Do you know the XYZ DIC, an English dictionary app?**
> （英語辞書アプリの XYZ DIC をご存知ですか？）
>
> B: **I'm not too familiar with that application, but I know many young people use it.**
> （私はそのアプリにはそれほどくわしくありませんが、多くの若者がそれを使っているようですね）

第2章 ビジネス英語雑談 インバウンド編……国内旅行

❷ What's it like there?
どんなところなんでしょうか。

What's it like ...? は「どんな感じでしょうか？」と、感想などをたずねる表現です。What is it like to be a millionaire? なら「大金持ちであるというは、どんな気分なんですか？」という意味になります。

A: I'm from Chicago. Have you ever been there?
（私はシカゴの生まれです。あなたはシカゴに行かれたことはありますか？）

B: No, I haven't. What's it like there?
（いいえ、ありません。どんなところなんですか？）

❸ What is there to see in ...?
…では、どんな観光が楽しめますか？

直訳すると「…には見るためのどんなものがありますか？」となります。どんな観光スポットがあるのかを教えてもらいたいときに使ってみましょう。

A: What is there to see in Yokohama?
（横浜では、どんな観光が楽しめますか？）

B: Yamashita Park is a must-see tourist spot. It commands a great view of the Yokohama Bay Bridge.
（山下公園は、どうしても外せない観光スポットですね。横浜ベイブリッジの素晴らしい眺めを楽しめます）

 ### ネイティブがよく使う「口ぐせフレーズ」

be around
存続している

この around は、「現役でいる」「生き延びる」「存続している」「流行している」など、さまざまな意味があります。The company has been around for some 20 years. なら、「その会社は20年もの歴史があります」という意味です。

都内観光を楽しむ

東京タワーや東京スカイツリー、新宿の高層ビル街など、「未来都市」を連想させるスポットもいいのですが、東京には意外と自然豊かな場所もたくさんあります。そのような場所を紹介してあげると喜ばれると思いますよ。

A: What areas of Tokyo would you recommend checking out?
B: I like the openness of the Odaiba area. It's a lot more spacious than most parts of Tokyo.
A: Alright. What is there to do there?
B: It's actually a really popular dating locale because it has a lot of trendy shops and restaurants.
A: I see. Are there any famous parks in the city?
B: Yeah, there are a few, but one of the more well-known parks would be Shinjuku Gyoen in the Shinjuku area.
A: Oh, ①I think I've seen that stop on the Metro.
B: Right. ②It's pretty easy to get to and it's a great place to spend an afternoon.
A: What's there to see at the park?
B: They have several flower gardens, a few ponds and some really nice open grassy areas.
A: Wow, ③that sounds like a rare find in such a sprawling city like Tokyo.
B: It is indeed. And admission is only 200 yen. Pretty inexpensive, don't you think?

第 2 章　ビジネス英語雑談　インバウンド編 ……国内旅行

A: あなたが東京でお勧めしたい場所はどこですか？
B: 私はお台場エリアの開放的な雰囲気が好きですね。他の多くの東京のスポットには、これほどゆったりとした雰囲気は感じられませんよ。
A: わかりました。お台場では、どんなことができますか？
B: 実は、お台場はデートスポットとしてとても人気があるんです。おしゃれな店やレストランがたくさんありますからね。
A: なるほど。東京には、有名な公園はありますか？
B: ええ、いくつかありますよ。比較的有名な公園の1つといえば、新宿にある新宿御苑でしょうか。
A: ああ、地下鉄で、そんな駅を見た気がします。
B: ええ。新宿御苑はとてもアクセスがいいですし、午後を過ごすのに最高の場所ですよ。
A: 公園では、どのようなものが見られますか？
B: 複数のフラワーガーデンや池、それに広々とした芝地もあります。
A: ごちゃごちゃとした東京のような街では、そのような場所は「掘り出し物」ですね。
B: まったくそのとおりです。しかも、入場料はたったの200円です。かなり安いと思いませんか？

（**A:** 外国人／**B:** 日本人）

NOTES
- openness 「開放性、寛容さ」　● locale 「舞台、場所」　● trendy 「最新流行の」
- well-known 「有名な」　● sprawling 「乱雑に広がった」→ sprawl 「ばらばらに広がる」の現在分詞形。　● admission 「入場料」

10 都内観光を楽しむ

雑談ネタのポイント

　東京をはじめて訪れた外国人を都心に連れて行くと、その意外な緑の多さに驚かれることがよくあります。皇居周辺や代々木公園、あるいは明治神宮など、緑豊かなエリアが多数存在しています。小規模な公園もたくさんありますし、最近ではビルの屋上が緑化されているケースもありますね。
　日帰り旅行で、鎌倉や奥多摩など、さらに自然が豊かな地域に連れて行ってあげると、とても喜ばれそうです。「新宿の摩天楼」や「渋谷の雑踏」、あるいは「銀座の高級百貨店」などだけが東京の本当の姿ではないということを、彼らにきちんと伝えてみましょう。

話を膨らませるためのポイント

I like ...
…が好きです。

こんなシンプルなフレーズですが、うまく使えば、スムーズに雑談を展開させることができます。「…が好きなんですよね」と、会話のネタを提供します。「…が何よりも好きです」なら、I like ... more than anything. と表現できます。

注目したいフレーズ

❶ I think I've seen ...
…を見たことがある気がします。

somewhere「どこかで」や before「以前」などの副詞とともに使われることがよくあります。「100％そうだとは言えないが、見たことがあるような気がする」「おぼろげに記憶がある」というニュアンスです。

A: I think I've seen this illustration somewhere before.
（このイラスト、前にどこかで見たことがある気がします）

B: I bet you have. It's pretty famous.
（それはそうでしょう。かなり有名ですからね）

❷ It's pretty easy to get to.
とてもアクセスがいいです。

「それは、とても行きやすいです」が直訳。つまり「交通の便がよい」ということですが、easily accessible や have good access to transportation、あるいは be conveniently located のように表現することもできます。

A: Could you tell me how to get to the Yasukuni Shrine?
（靖国神社への行き方を教えてくれませんか？）

B: It's just a few minutes' walk from the nearest station. It's pretty easy to get to.
（最寄駅から歩いて数分です。とても交通の便がいい場所にありますよ）

❸ That sounds like ...
…のようですね。

相手の話を聞いて、「…みたいですね」と、印象を簡単に述べるためのひとことです。「それは楽しそうですね」なら、That sounds like fun. となります。「いい考えですね」なら、That sounds like a good idea. です。

A: We're going camping this weekend.
（週末にキャンプに行くんです）

B: That sounds like a lot of fun! May I join you?
（それはすごく楽しそうですね！ 私も参加できませんか？）

 ## ネイティブがよく使う「口ぐせフレーズ」

a rare find
掘り出し物

この find は「発見物」「役に立つ発見」「思わぬ発見」などの意味をもつ名詞です。a rare find のほか、a real find や a lucky find、a good find なども、よく使われる言い回しです。a good buy は「よい買い物」という意味で、「安くてよい掘り出し物」というニュアンスです。

11 温泉の楽しみ方

温泉旅行の楽しみ方について、外国人に説明してみましょう。人前で裸にならなければならないため、「公衆浴場」に対する抵抗を覚える外国人も多いですが、様々な「効能」について説明してあげると喜ばれそうです。

A: Have you ever been to a hot springs in Japan?

B: No, I haven't, but I've heard that they're really popular here.

A: Yes, ①visiting hot springs is a very popular pastime in Japan. There are even many Japanese-style inns that offer private hot springs baths.

B: Wow! That certainly does sound nice.

A: It is. But, most hot springs are open to the general public. Since they are like public bath houses, it's important to wash yourself before going into the springs.

B: So, you get into the hot springs with other people?

A: Well, yes. It's like a large public bath.

B: I see.

A: And some hot springs claim that their water has special properties, like healing bad joints or being good for your skin.

B: Wow. I'd like to stay at one of those inns with private hot springs some time.

A: They're very popular, so it might be a good idea to make reservations early.

B: ②That's a good idea. ③Would it be better to use the Internet, or just call them directly?

第２章　ビジネス英語雑談　インバウンド編……国内旅行

A: 日本の温泉に行かれたことはありますか？

B: いいえ、ありません。でも、日本では温泉が大変な人気らしいですね。

A: ええ、温泉に行くことは、日本ではとても人気がある娯楽の１つです。貸切タイプの温泉風呂が完備された日本式旅館もあるんですよ。

B: すごい！ それはとても素晴らしいですね。

A: 同感です。でも、たいていの温泉は、（貸切ではなく）一般に開かれています。銭湯のようなものなので、温泉に入る前に体を洗うことが大切です。

B: つまり、他の人たちと一緒に温泉に入るわけですね？

A: ええ、そうです。大きな公共浴場みたいな感じです。

B: なるほど。

A: そして、関節痛を和らげたり、美肌効果があるなどのように、泉質に特徴があると宣伝している温泉もあります。

B: へえ、貸切温泉付きの、そんな温泉宿にいつか泊まってみたいものです。

A: そういう宿は大変人気がありますから、早く予約をしたほうがいいかもしれませんよ。

B: それはよい考えです。予約はネットを使ったほうがいいでしょうか？ それとも、直接電話をしたほうがいいですか？

（**A:** 日本人／ **B:** 外国人）

／NOTES

● a hot springs 「温泉」→ 本来は a hot spring が正しいのですが、ネイティブは、hot springs を「単数」扱いすることがよくあります。　● pastime 「娯楽、気晴らし」　● inn 「宿屋」　● public bath 「公衆浴場」　● property 「特性」　● joint 「関節」

11 温泉の楽しみ方

雑談ネタのポイント

　このダイアログでもそうでしたが、知らない人と一緒に入浴することに大きな抵抗を示す外国人でも、「貸切風呂」であれば、温泉に入ってみたいと思うようです。ですから、もし外国人を誘って温泉に連れて行くのであれば、なるべく貸切タイプをチョイスしてあげましょう。また、多くの温泉宿では「浴衣」を貸し出していますが、これも大変喜ばれるようですね。

　温泉旅館での楽しみは、入浴だけではありません。旅館の部屋で楽しむ、山海の珍味も最高のおもてなしです。日本食の簡単な説明ができるように、食べ物などに関する英語表現を、少し下調べしておくといいかもしれませんよ。

話を膨らませるためのポイント

Have you ever been to ...?
…に行かれたことはありますか？

「…には行ったことはありますか？」という質問は、雑談の導入として非常によく使われるパターンの1つです。相手の答えがNoであってもYesであっても、どちらのケースでも話を展開させることが可能です。Noであればお勧めポイントを説明してあげればいいですし、Yesであれば、「じゃあ、…には行きましたか？」のように、話を広げます。

注目したいフレーズ

❶ ... is a very popular pastime in Japan.
　　…は、日本では大人気の娯楽の1つです。

pastimeの部分を他の表現に入れ替えれば、様々な内容を言い表せます。amusement park「遊園地」やnight spot「ナイトスポット」などなど、いろいろな名詞を入れて使ってみてください。

A: Karaoke is a very popular pastime in Japan, especially among young people.
（カラオケは、日本では大人気の娯楽の1つです。特に若い人たちの間で）

第2章 ビジネス英語雑談 インバウンド編……国内旅行

B: Is that so? Do you ever go to a karaoke bar?
(そうなんですか。あなたは、カラオケ店に行くことはありますか？)

❷ That's a good idea.
それはよい考えです。

「それはいいですね。そうしましょう！」と、相手の意見に賛同を示すためのひとこと。ここでは「そうしたらいいと思いますよ」のように、個人の感想を伝えています。

A: How about we eat out tonight?
(今夜は外食にしませんか？)

B: That's a good idea. I know a good Chinese restaurant near the station.
(それはいいですね。駅のそばに、いい中華料理の店がありますよ)

❸ Would it be better to ..., or 〜？
…したほうがいいでしょうか、それとも〜したほうがいいでしょうか

どちらのやり方がよいかのアドバイスを求めるための表現。to は、to 不定詞の to なので、後には動詞の原形を続けます。or の前までを上昇調で発音し、文の最後は下降調で読むと、ネイティブらしい感じをだせます。

A: Would it be better to walk to the station, or call a taxi?
(駅まで歩いたほうがいいでしょうか。それともタクシーを呼んだほうがいいですか？)

B: Since it's raining now, it would be better to call a taxi.
(雨が降ってますから、タクシーを呼んだほうがいいですね)

 ### ネイティブがよく使う「口ぐせフレーズ」

That certainly does sound nice.
それはとても素晴らしいですね。

That sounds nice. を強調した言い方です。certainly は「確かに」という意味の副詞で、文意を強めています。does も強調のために入っています。感想などを述べる際には、少し「大げさ」に伝えたほうが、うまく気持ちが伝わりますね。

12 最近の日本の若者について

🔊 TRACK 18

ある程度以上の年齢の人が2人集まれば、ほぼ自動的に「最近の若い者は…」なんて会話が始まるもの。これは、ほとんどどの国でもほぼ同じです。みなさんも、外国人の人と「若者文化」について雑談してみてください。

A: What do you think about the youth in Japan these days?

B: Young people these days are always staring at their smart-phones, even while walking, which can be a major nuisance.

A: ①I know what you mean. It's the same in my country, too.

B: Really?

A: Yeah, and there are a lot of people texting while driving, too, which can be even more dangerous.

B: Oh, wow! Another problem I think a lot of younger people have these days is that they seem too complacent.

A: Oh? What do you mean?

B: ②I mean, they don't seem to really want anything in life other than finding a good job and starting a family, if that. There aren't a lot of young people fighting to change things in politics or society.

A: Well, maybe they're just happy with the way things are now.

B: I think the problem is more that they just aren't aware enough of what's happening around them to have an opinion on it.

A: Ah, I see. That can be a problem for future generations.

B: ③That's exactly what I'm worried about. And that's only part of the problem ...

60

第 2 章 ビジネス英語雑談 インバウンド編 ……日本の文化

A: 最近の日本の若者のことをどう思いますか？
B: 最近の若い人たちは、常にスマホを見てばかりです。ひどい場合には歩いているときですら見ていますから、大きな迷惑になったりしますよね。
A: わかります。私の国でも同じですよ。
B: そうなんですか？
A: ええ。さらに、運転中に携帯でメールを打つ人もたくさんいます。こっちは、もっと危険ですよね。
B: それはひどい！ もう1つの問題は、この頃の若者の多くが、ハングリーさに欠けているということです。
A: ほう。それはどういうことでしょうか。
B: つまりですね、よい仕事に就いて家庭をもつということ以外、人生において何も望んでいないようなのです。ひどい場合は、それすらも望んでいません。政治や社会を変えようと奮闘している若者は、あまりいませんね。
A: うーん、彼らは現状に満足してしまっているんでしょうね。
B: 私が思うに、それよりも問題なのは、彼らが身の回りで起こっていることに十分意識が向いていないので、しっかりとした自分の意見を持てていないことですよ。
A: ああ、そうですね。そのことは、これからの世代にとって問題になりそうですね。
B: 私もまさにそのことを危惧しています。でも、それは問題の一部に過ぎないわけで…。

(**A:** 外国人／ **B:** 日本人)

NOTES

● **stare at ...** 「…をじっと見つめる」 ● **nuisance** 「迷惑、厄介なもの」→ 発音は［ヌーサンス］のようになります。「人」に対しても、「もの・こと」に対しても用いることができます。
● **text** 「携帯でメールを打つ」→ 他動詞としても使えます。たとえば、Text me. なら「携帯でメールを送ってね」という意味になります。　● **complacent** 「無関心な、現状に自己満足した」→ 軽蔑的・否定的なニュアンスで使われる言葉です。

12 最近の日本の若者について

 雑談ネタのポイント

　「歩きスマホ」は texting while walking と訳すのが一般的ですが、他にも looking at one's smartphone while walking のように言うこともできます。若者（だけではありませんが）の「歩きスマホ」は、日本だけでなく世界のいろいろな国で問題になっているようですね。アメリカのある州では、道路横断中の歩きスマホに対して、罰金が科せられるそうです。

　なお、「近ごろの若者は…」は、鉄板のネタではありますが、あんまり口うるさいことばかり言ってしまうと、相手にうざったく思われてしまう恐れもあります。過度に「若者批判」ばかりをしてしまわないように心がけたいですね。

 話を膨らませるためのポイント

young people these days
最近の若者

　「最近の若者」は、young people these days のほか、kids today や today's youth などと表現することができます。その後で、... don't have any manners.「礼儀ってものを知らないんだから」などと続けるわけです。なお、あまり愚痴っぽくせずに、「こうしたらいいのになあ」などと、建設的な意見を述べるようにしましょう。

 注目したいフレーズ

❶ I know what you mean.
　わかります。

　「ええ、そうなんですよね」「おっしゃってること、よくわかりますよ」のように、相手に共感を示すための表現。うまく使えば、相手を気持ちよくしゃべらせてあげることができるはずです。

　A: Child-rearing is serious business.
　（子育てっていうのは、大変な仕事ですよね）

第2章 ビジネス英語雑談 インバウンド編 ……日本の文化

B: I know what you mean. It's a full-time job with no vacations.
（わかります。休みがまったくない、フルタイムの仕事ですよね）

❷ I mean, ...
つまりですね…。

What do you mean?（どういうことですか？）と聞かれた場合には、この答え方で応じるのが基本。わかりやすく言い換えて、具体的に説明してあげましょう。

A: What do you mean "just in case?"
（「念のために」って、どういうことですか？）

B: I mean, while I'm sure he will come, it's better to be safe than sorry. So, I think we should choose someone else as a "backup."
（つまりですね、彼は来るとは思うんですけど、念には念を入れてということで…。「予備」として、他の誰かを選んでおいたほうがいいと思うのです）

❸ That's exactly what ...
それがまさに…です。

相手の発言に対して、「そう、まさにそれなんですよ！」と、便乗する形で賛同する表現です。That's exactly what I meant. なら、「まさにそれが私の言いたかったことなんです」となります。

A: Why don't we invite Mary to the party, too?
（メアリーも、パーティに呼んだらどうでしょう？）

B: That's exactly what I was going to say.
（私もそう言おうと思ってたんです）

 ネイティブがよく使う「口ぐせフレーズ」

..., if that.
いや、それすらありません。

直前の内容に対して、「いや、それすらないかもしれません」と否定する場合に使うカジュアルな表現。"but probably not"（しかし、おそらく違うだろう）などと、言い換えることが可能です。

13 お中元とお歳暮

TRACK 19

お盆明けや、仕事始めなどのとき、お土産としてお菓子を配る人が多いと思います。外国人にとっては、「なぜ配るのか」がまったく理解できないそうです。日本の贈り物の習慣について、簡単に雑談してみてはいかがでしょう。

A: I've heard that Japan has a strong tradition of gift giving.

B: Yeah, that's true. We give gifts to family, friends and even co-workers on many occasions.

A: What kinds of occasions do you give gifts to one another?

B: ①We always try to bring back *omiyage*, or souvenirs for family and friends when we go on trips.

A: Ah, okay.

B: We also always bring a gift whenever we go to someone's house, or to thank them for doing a favor.

A: Interesting.

B: Then, we have many seasonal gifts, ②such as *oseibo* gifts, New Year's *otoshidama* monetary gifts, and *ochugen* gifts during the Bon holiday.

A: Wow, that's a lot. Though I suppose it's not so bad if you're getting gifts in return, too.

B: ③Good point. But it also helps to build interpersonal relationships and a sense of community.

A: Yeah, who doesn't like getting gifts, right?

B: Ha ha, right. When do you give gifts in your country?

第2章　ビジネス英語雑談　インバウンド編……日本の文化

A: 日本には、贈り物を贈る習慣が強く根付いているそうですね。
B: ええ、そうですね。家族や友だち、ときには同僚に贈り物をする機会がたくさんあります。
A: どのようなときに、贈り物を贈り合うのでしょうか。
B: 旅行に行ったときには、おみやげ、つまり、旅行の記念となるような記念品や食べ物を、家族や友だちに持ち帰るのが常です。
A: ああ、なるほど。
B: また、私たちは、誰かの家を訪問する際、あるいは厚意に対して感謝する場合にも、常に贈り物を持っていくようにしています。
A: 興味深いです。
B: そして、季節の贈り物もたくさんあります。お歳暮、お正月のお年玉、お盆の時期のお中元などです。
A: うわあ、そんなにたくさんあるんですか…。でも、お返しの贈り物をもらえるんだったら、そんなに悪い話ではないかもしれませんね。
B: いい指摘です。さらに、人間関係の構築や、共同体としての意識の養成にもつながるんですよ。
A: ええ、贈り物をもらって嬉しくないなんて人はいませんよね？
B: ははは、そうですね。あなたの国では、いつ贈り物を贈るんですか？

（**A:** 外国人／ **B:** 日本人）

NOTES

● occasion「機会」　● do a favor「手を貸す、一肌脱ぐ」→ ⟨do 人 a favor⟩ あるいは ⟨do a favor for 人⟩ という形にもなります。　● seasonal「季節（ごと）の」　● monetary「お金の、お金に関する」

13 お中元とお歳暮

雑談ネタのポイント

　クッキーやケーキを作って振る舞うようなことには抵抗がない外国人でも、旅行先で「温泉まんじゅう」などのお土産を買ってきて、社内で配るという習慣にはどうしてもなじめないようです。
　社内でお土産をいきなり渡されて、当惑してしまう外国人もたくさんいるようです。前もって、「日本にはこういう習慣があるんですよ」と、説明しておいてあげるといいですね。
　お中元やお歳暮のような習慣は、海外にはほとんどありませんが、贈り物をもらって悪い気がする人はいないと思います。季節ごとに、外国人の同僚にギフトをあげるというのもいいかもしれませんよね。

話を膨らませるためのポイント

Yeah, that's true.
ええ、そうです。

「ええ、そうなんですよねえ」「よくご存知ですねえ」という感じで、相手の投げかけてきた話題に「のっかる」ためのフレーズです。「その通りなんですよ！」なら、Exactly. を使うといいですね。

注目したいフレーズ

❶ We always try to ...
なるべく…しようとしています。

日常的な習慣について、「いつもなるべく…しようとしています」と述べるフレーズ。try to を入れることで、「いつも必ずというわけではないが」というニュアンスが込められています。

A: Is it true that our company doesn't allow employees to work overtime after 9:00 p.m.?
（この会社では、従業員に午後9時以降の残業を認めていないって本当ですか？）

B: That's right. So, we always try to leave the office at the fixed time.
（そのとおりです。そのため、私たちはなるべく定時に帰るようにしています）

第2章　ビジネス英語雑談　インバウンド編 …… 日本の文化

❷ such as ...
たとえば…／…のような

具体的な例をあげる際に、このフレーズを使います。なお、相手に具体的な例を示してほしい場合には、この such as を使って、Such as?（たとえば？）という疑問文を用いることができます。

A: I've been to quite a few cities in Japan, such as Sapporo, Sendai, Yokohama, Kobe and Hiroshima.
（日本国内では、かなり多くの都市に行ったことがあります。札幌、仙台、横浜、神戸、広島などです）

B: So, haven't you been to Shikoku and Kyushu?
（四国と九州には行ったことがないのですね？）

❸ Good point.
いい指摘ですね。

That's a good point. を短くした形です。相手の発言の適切さや正当性を指摘してあげる表現です。You've hit the nail right on the head. も、「まさにその通りですね」という意味の、似たようなニュアンスの表現です。

A: I think the reason our ads aren't reaching anyone is because we're using outdated media like billboards and print ads.
（この会社の広告が認知されていないのは、広告看板や紙媒体の広告のような時代遅れのメディアを使っているからだと思います）

B: Good point. I've never thought about it that way.
（いい指摘ですね。そんなふうに考えたことはなかったです）

 ネイティブがよく使う「口ぐせフレーズ」

That's a lot.
それは多いですね。

「たくさんあるんですね！」を、素直な形でシンプルに表現したのが、この That's a lot. です。That's a lot of snow！「すごい量の雪ですね！」や That's a lot of money!「それは大金ですね」のように、〈of ＋名詞〉を続ける場合もあります。

14 日本のクリスマス

TRACK 20

「クリスチャンがそれほどいるとは思えないのに、どうして日本のクリスマスは、こんなに盛り上がるの？」と、多くの外国人が疑問に思うようです。日本において、クリスマスはどのような位置づけがされているかを、うまく説明してあげましょう。

A: People seem to be really excited about Christmas here. ①Do you have a lot of Christians in Japan?

B: No, it has more to do with the fact that Japanese love events.

A: Huh? What do you mean?

B: Christmas in Japan is celebrated as more of an event than a religious holiday.

A: ②Alright. So it's mainly just the commercial aspects of Christmas without the religious parts.

B: Basically. Recently, Christian-style weddings are also becoming very popular in Japan.

A: Really? Now that's surprising.

B: ③But again, it's more about the event and the atmosphere than the religious facets of the ceremony.

A: I see now.

B: Events and ceremonies are a big part of Japanese culture, and anything new is always appealing.

A: That's a good point.

B: Right. So now you can enjoy the Christmas spirit even here in Japan. Is it pretty different from Christmas where you're from?

第2章　ビジネス英語雑談　インバウンド編 …… 日本の文化

A: 日本の人たちは、クリスマスをすごく楽しみにしているようですね。日本には、クリスチャンが多いのですか？
B: いいえ、そういうことではなくて、日本人は「イベント」が好きなのです。
A: え？ どういうことですか？
B: 日本のクリスマスは、1つの宗教上の休日以上のものとして祝われるのです。
A: ふーん。つまり、日本のクリスマスは、宗教的な意味合いを持たず、専らその商業的な要素しか持っていないということですね。
B: 基本的にはそういうことです。最近では、キリスト教式の結婚式も、日本でかなり一般的なものになっています。
A: 本当ですか？ それは驚きですね。
B: でも、やはり儀式の宗教的な面が重視されるわけではなく、むしろ、キリスト教式結婚式を「イベント」としてとらえ、「雰囲気」が重視されているわけです。
A: ああ、なるほど。
B: イベントや儀式は、日本の文化の大きな部分を占めています。「新しいこと」は、常に人気を集めるんです。
A: それは一理ありますね。
B: ええ。だから、日本でも、クリスマスの気分を味わうことができるんですよ。あなたの国のクリスマスとは、だいぶ異なっていますか？

（A: 外国人／B: 日本人）

> **NOTES**
> - excited about ... 「…に色めき立つ、…に興奮する」　● celebrate 「…を祝う」
> - commercial 「商業的な」　● atmosphere 「雰囲気」　● Christmas spirit 「クリスマス気分」

14 日本のクリスマス

 雑談ネタのポイント

　日本のクリスマスは、かなり独特なものです。ダイアログでも述べられていますが、日本の場合、CMなどを見ていても、「クリスマスは恋人たちのためのもの」というイメージがすっかり定着しています。レストランやホテルなども、予約でいっぱいになりますが、そのような状況が、多くの外国人の目には奇異に映るようです。

　同様のイベントとして、「バレンタインデー」がありますね。「義理チョコ」「本命チョコ」などの他に、最近では「友チョコ」なんてものまであるようで、この風習も、彼らにはとても不思議に思えてならないようです。欧米には「ホワイトデー」が無い代わりに、バレンタインデーのときには、男女両方が恋人や親しい人に花などを贈ります。

 話を膨らませるためのポイント

Basically.
基本的にはそういうことです。

相手の発言の正しさを認め、話を先に進めていくためのフレーズ。basically は「基本的に」という意味の副詞ですが、この1語だけで「基本的にはおっしゃるとおりです」という意味を表せます。つまり、You are basically right. とほぼ同じ意味になります。

 注目したいフレーズ

❶ Do you have ... in ～ ?
～には…がありますか（いますか）？

「あなたの国には…はありますか（いますか）？」などのように、相手のお国事情を聞きたいときにぜひ使ってみたいフレーズです。Do you have ... の代わりに、Are there ... を使うこともできます。

A: **Do you have** a lot of farmers **in** your country?
（あなたの国には、農業従事者はたくさんいますか？）

B: I would think so. The main industry of our country is agriculture.
（そう思います。わが国の主要産業は農業ですから）

第2章 ビジネス英語雑談 インバウンド編 ……日本の文化

❷ Alright.
ふーん、なるほど。

Alright. は、さまざまなニュアンスで使われるひとことです。ここでは「わかりました」「なるほど」のように、相手の発言を「受け入れる」ようなイメージで使われています。

A: In Japan, women give chocolate to men on Valentine's Day.
（日本では、バレンタインデーに、女性が男性にチョコレートをあげます）

B: Alright. So, in Japan, men just receive, and are not supposed to give chocolate to others, right?
（ふーん。つまり、日本では、男性はただ受け取るだけで、他の人にチョコレートをあげたりしないわけですね）

❸ But again, ...
でも、やはり…。

again は「再び」という意味ですが、「似たようなこと」をもう一度言う場合にも、こんなふうに使うことができるのです。日本語の「やはり」のようなニュアンスです。下の会話例のように、「でもやっぱり…」と、最初の意志を貫くことを伝える場合にも使います。

A: Are you going out without taking an umbrella with you?
（じゃあ、傘を持たずに出かけるんですか？）

B: I know it might rain later, but again, I'd prefer to travel light.
（後で雨が降るかもしれないのはわかってますが、やっぱり身軽でいたいので…）

 ## ネイティブがよく使う「口ぐせフレーズ」

Now that's surprising.
それは驚きです。

この now は「今」という意味ではなく、「さて」「さあ」「ところで」などと、話を切り出すときに使う感情表現です。こういう now は、なかなか非ネイティブには使いこなしにくいですね。Now that's a challenge. なら、「さあ、大変だぞ」という意味になります。

15 トレーニング・ジムでワークアウト！

🔊 TRACK 21

ジムに通っているビジネスパーソンは非常に多いですから、「ワークアウト」に関する話題は、鉄板の雑談ネタの１つと言えます。トレーニングに関するアドバイスなどもしてあげれば、さらに話は広がりますね。

A: So, do you exercise or play any sports?

B: Yes, ①I usually try to go to the gym at least three times a week.

A: Oh, okay. I used to swim in college and still do. I also try to find a gym with a pool whenever I travel to stay in shape. How about you?

B: I just do a basic workout; some cardio exercises and then some light weightlifting.

A: Yeah, I should do more of that, too.

B: Well, ②I hear that swimming is better on your joints than things like running.

A: That's very true. A lot of my friends who used to run a lot have bad knees.

B: It's important to stretch and warm up before you work out. I hear just doing that can help your joints last longer.

A: I'll keep that in mind. ③By the way, do you know where I can buy some goggles for swimming?

B: Actually, I do. There's a swimming goods store near the station down the street.

A: Oh, I've been looking for a store like that ever since I got here.

B: I'll write down some simple directions for you.

72

第 2 章　ビジネス英語雑談　インバウンド編 ……健康・スポーツ

A: 運動したり、何かスポーツをしていますか？

B: ええ、いつも、週に 3 回はジムに行くようにしています。

A: ほう、そうですか。私は学生時代に水泳をやっていましたし、今でもやっています。健康のため、出張の際には、プールのあるジムを探すようにしています。あなたはどうですか？

B: 私は、基本的なトレーニングしかしません。有酸素運動の後、軽めのウエイトリフティングをします。

A: なるほど、私もそういう基礎トレーニングを、もっとやったほうがいいんですけどね。

B: うーん、でも、ランニングなどより、水泳のほうが関節にダメージを与えないらしいですよ。

A: それはそうですね。ランニングを一生懸命やっていた友だちの多くが、膝を痛めてしまいましたから。

B: トレーニングの前には、ストレッチとウォーミングアップをすることが大切ですよ。それだけでも、関節の寿命を延ばすことができるそうです。

A: 覚えておきます。ところで、どこか水泳用のゴーグルを買えるところを知りませんか？

B: ええ、知っていますよ。通りをまっすぐ行くと、駅のそばに、水泳用品の店があります。

A: やった！　日本に来てから、そういう店をずっと探していたんです。

B: 行き方を簡単に紙に書いてあげますね。

（**A:** 外国人／**B:** 日本人）

✏ NOTES

- **exercise**　「運動する」　● **used to ...**　「かつては…していた」→ used to は「助動詞」なので、to の後には動詞の原形がきます。「今はしていない」ということが、暗に含まれています。
- **stay in shape**　「健康を保つ」→「体型を保つ」というニュアンスもあります。
- **work out**　「（ジムなどで）トレーニングする」　● **goggle**　「ゴーグル」→ 通例、複数形の **goggles** が用いられます。

15 トレーニング・ジムでワークアウト！

 雑談ネタのポイント

　最近は、自転車で会社に通勤している人や、仕事帰りにジムに通っている人などがかなり増えていますから、「ワークアウト」は雑談のとてもよいトピックになるはずです。
　日頃、自分がこなしているワークアウトのメニューを紹介したり、おすすめのジョギングコースについて話したり、通っているジムを比較し合うなど、いろいろな話ができることでしょう。会社の福利厚生プログラムなどで、提携しているジムの割引サービスなどがある場合は、それについて教えてあげると喜ばれますね。
　また、ジムでたまたま居合わせた外国人と雑談をする機会もあると思います。顔なじみになれば、ジム通いがもっと楽しくなると思います。

 話を膨らませるためのポイント

I'll write down ... for you.
…を書いてあげますね。

日本語がほとんど分からない外国人の場合、紙に目的地の名称を日本語で書いてあげるだけで、相当助かるでしょう。迷ったら、その紙を、居合わせた日本人に見せれば理解してもらえます。なお、「地図を描いてあげます」なら、I'll draw a map for you. などのように言えば OK です。

🔍 注目したいフレーズ

❶ I usually try to ...
…するようにしています。

p.66 の We always try to ... に似た表現ですが、こちらは個人的な好みについて言及するパターン。「…するように心がけています」というニュアンスです。

A: What time do you usually get to work every morning?
（毎朝、何時に出社していますか？）

B: I usually try to get there by 9:00.
（9時までには出社するようにしています）

第2章 ビジネス英語雑談 インバウンド編……健康・スポーツ

❷ I hear that ...
…だそうですね。

「…だそうですね」と、伝え聞いたことを相手に教える場合に使います。「…なんですよ、知ってましたか？」を意味する Did you know that ... ? と、少し似たようなニュアンスの表現です。

A: I hear that Bob's wife is in hospital now.
（ボブの奥さんが入院しているそうですね）

B: Really? I'm sorry to hear that.
（本当ですか？ それはお気の毒に）

❸ By the way, do you know ...?
ところで、…を知りませんか？

話題の展開をしながら、同時に「…を知りませんか？」とたずねるパターン。実際の雑談では、こんな感じで、話をうまく盛り上げていきます。

A: It might be a good idea to take a taxi from the station.
（駅からはタクシーに乗ったほうがいいかもしれませんよ）

B: Thanks for your advice. By the way, do you know when Bob will be back from the meeting?
（アドバイスありがとうございます。ところで、ボブはいつ打ち合わせから戻って来るでしょうか？）

 ## ネイティブがよく使う「口ぐせフレーズ」

I'll keep that in mind.
覚えておきます。

相手のアドバイスを受け入れて、「ありがとう。覚えておきますね」と応じるときに使われます。I'll make a note of it. も、ほぼ同じ意味の便利なフレーズです。逆に、「覚えておきなさい」といいたいなら、Mark my words. などの表現を使ってみましょう。

16 2020年、東京オリンピック

🔊 TRACK 22

東京オリンピックのことは、日本人だけでなく、訪日外国人も興味津々です。また、日本人がオリンピックのことをどう考えているか、きっと知りたがっているはず。とてもよい雑談のきっかけになるはずです。

A: Are you looking forward to the 2020 Olympics?

B: Well, yes and no.

A: Mixed feelings, huh?

B: ①Something like that. I think it'll be a great opportunity for Japan to shine on the world stage.

A: Yeah, the Olympics can bring a lot of international attention to the host country.

B: Right. But that doesn't necessarily mean it brings prosperity or fortune.

A: Yeah, I hear you.

B: In actuality, construction of new stadiums and facilities has become a major drain on the city and a lot of people are upset about it.

A: That's understandable.

B: And on top of that, ②I'm not so sure that Tokyo has the infrastructure to support the surge in international visitors that comes with hosting the Olympics.

A: ③I never thought about it from that angle.

B: I'm afraid most people in Japan haven't, either. Has your country ever hosted the Olympics?

76

第2章　ビジネス英語雑談　インバウンド編……健康・スポーツ

A: 2020年のオリンピックが待ち遠しいですか？
B: うーん、どちらとも言えないですね。
A: 複雑な心境ということですね？
B: そんな感じです。オリンピックは、日本が世界の舞台で輝くための素晴らしい機会になるとは思います。
A: ええ、オリンピックが開かれると、主催国に対する国際的な関心が非常に高まります。
B: そうですね。でも、それによって、富や繁栄がもたらされるとは限りません。
A: ええ、そうですね。
B: 現実問題として、スタジアムや施設を新たに建設することが、その都市にとって、大きな経済的負担になり、多くの人々がそのことについて憤りを感じています。
A: それはそうでしょうね。
B: それに加えて、オリンピックの開催に伴って急増する外国人旅行者をサポートできるようなインフラが東京に備わっているか、私にはどうもわからないのです。
A: 私は、そういうふうに考えてみたことはなかったですね。
B: 多分、日本の大半の人が、そのような視点からオリンピックについて考えたことがないんだと思います。あなたの出身国は、オリンピックを開催したことがありますか？

（**A:** 外国人／**B:** 日本人）

✏ NOTES

● **look forward to ...** 「…を楽しみに待つ」　● **mixed feelings** 「複雑な心境」→「期待と不安が入り混じった複雑な心境」なら、mixed feelings of anxiety and anticipation と言えます。　● **attention** 「注目」　● **prosperity** 「繁栄」　● **in actuality** 「現実は、実際は」→ actually とほぼ同じ意味になります。　● **drain** 「損失、浪費の元」　● **be upset about ...** 「…について気分を害している、…について憤っている」　● **infrastructure** 「インフラ、社会基盤」

77

16 2020年、東京オリンピック

雑談ネタのポイント

　オリンピックのホスト国には、大きな注目が集まるものです。「どのような準備をしているのか」「どこが会場になるのか」など、ちょっとした情報をあらかじめ調べておけば、会話がさらに弾むこと間違いなしです。

　また、ダイアログでも使っていますが、Has your country ever hosted the Olympics?「あなたの国ではオリンピックを開催したことはありますか？」のような質問は、よい話のきっかけになりそうです。

　もちろん、種目自体について語り合うのもいいですよね。What Olympic events are you interested in?（どの競技に興味がありますか？）／ What Olympic events do you want to see the most?（どの競技を一番見たいですか？）などの表現が活用できそうです。

話を膨らませるためのポイント

And on top of that, ...
それに加えて…。

　on top of that は「その上」「そこに持ってきて」のように、さらに何かを追加して発言する場合に使います。話を広げたい場合に、もってこいのフレーズですね。In addition to that, ... に近いニュアンスの表現です。

注目したいフレーズ

❶ Something like that.
そんな感じです。

　「まあ、そんなところです」のように、ストレートに相手の発言を受け入れるのではなく、一応認めるという場合に使います。言い方によっては、答えをはぐらかしているような響きになることもあります。

A: **You seem to be of two minds about his offer.**
（彼の提案を受け入れるかどうか、決めあぐねているようですね）

B: **Yeah, something like that. What would you do if you were me?**
（ええ、そんなところです。あなただったら、どうしますか？）

第2章 ビジネス英語雑談 インバウンド編……健康・スポーツ

❷ I'm not so sure that ...

私には…かどうかよくわかりません。

「…かどうかよくわからない」「本当に…か、自信が持てない」というようなニュアンスを表すフレーズです。I'm not sure if ... のように、that の代わりに if を使うこともよくあります。

A: Why don't we use an outside proofreader this time?
（今回は、外部の校正者を使いませんか？）

B: That would be great, but I'm not so sure that our boss will go for that idea.
（それは素晴らしいけど、上司がその考えに賛成してくれるかどうかわかりませんね）

❸ I never thought about it from that angle.

私は、そういうふうに考えてみたことはなかったですね。

相手の発想の着眼点に感心したことを示すための表現です。I never envisioned it that way.（私はそのような発想をしたことはありません）や I never thought about it that way.（それについて、そんなふうに考えたことはありません）なども、ほぼ同じ意味を表すフレーズになります。

A: I know you don't like the rain, but a long rainy season may also mean a good harvest.
（雨はお嫌いのようですが、長い雨の時期があるからこそ、多くの収穫が得られたりするわけですよ）

B: Hmm. I never thought about it from that angle.
（なるほど。そんなふうに考えてみたことはなかったですね）

 ネイティブがよく使う「口ぐせフレーズ」

....

I hear you.

そうですね。

全面的に賛成、という感じではなく、「ええ」「まあねえ」といったニュアンスです。あいづち的な使われ方をします。うんざりした表情でこの表現を伝えば、「まあ一応聞くだけ聞いておくよ」というニュアンスになります。

17 日本の若者の恋愛事情と草食系男子

「日本の人口問題」を皮切りに、最近の若い男性は「草食系」になってしまっているなど、若者の恋愛事情について外国人に説明しているシーンです。こんなトークも、軽妙にこなせるようになりたいですね。

A: Hey, can I ask you something?

B: Sure. What is it?

A: ① What's with the population crisis in Japan? I've heard a lot of theories, but I'd like to hear your opinion.

B: Ah, that's a pretty complicated issue with many different theories behind the causes.

A: Yes, I've heard a few. ② What do you think are some of the causes?

B: Hmm. Well, many white-collar business men and women work really long hours, which leaves little time to socialize.

A: I see. That does sound like it could be a problem.

B: Also, a lack of maternity leave, post-maternity job security and childcare support also discourages a lot of young women from starting families.

A: Wow. That's too bad.

B: And then, there is a movement among young men toward what has been called *soushoku danshi*, herbivore men, in other words, men who are not interested in finding a mate or starting a family and tend to be more comfortable living on their own, keeping busy with their own hobbies.

A: Now ③ I'm starting to understand what you mean about it being a complicated issue.

B: Oh, there's much more to it still. Since there is no time to socialize regularly, many people have resorted to group dating, but even that has its pitfalls.

第2章　ビジネス英語雑談　インバウンド編……フレンドリーな会話

A: ちょっと聞いてもいいですか？
B: ええ。なんでしょう？
A: 日本の人口危機問題は、どうなっているんですか？　諸説あるようですが、あなたの意見をお聞きしたいと思いまして。
B: ああ、それはかなりややこしい問題ですよね。原因の説明にも、いろいろなものがありますし。
A: ええ、私もいろいろ聞いたことがあります。あなたの考えでは、どんな原因があるのでしょうか。
B: そうですねえ。うーん、ホワイトカラーの会社員はかなりの長時間働いていますので、交際に費やせる時間がほとんどありませんよね。
A: なるほど。それは問題になりそうですね。
B: それに、産休の制度、産後の（再）就職保障や子育て支援の不備も、若い女性が家庭を持つことをしり込みしてしまう要因になっていますね。
A: うーん、それは残念です。
B: さらに、若い男性が、いわゆる「草食男子」になってしまう傾向があります。つまり、パートナーを探したり、家庭を持つことに興味がなく、自分の趣味に没頭しながら独りで暮らすほうが気楽だと考える男性たちのことです。
A: 人口危機が複雑な問題だとおっしゃっていたわけが、だんだんわかってきました。
B: そうそう、話はそれだけじゃないんですよ。普段、交際をしている時間がないため、グループ交際に走る人が多いのですが、これにも落とし穴があってですね…。

（A: 外国人／B: 日本人）

NOTES

● theory 「持論、意見」　● crisis 「危機」　● complicated issue 「複雑な問題」　● white-collar 「ホワイトカラーの、事務職の」　● maternity leave 「産休」→「育児休暇」は childcare leave といいます。　● post-maternity 「産後の」　● start a family 「家庭をもつ、子供をつくる」　● herbivore 「草食」→「肉食」は carnivore。　● keep busy with ... 「…で忙しくする」　● resort to ... 「最後の手段として…に訴える」　● socialize 「社交する」

17 日本の若者の恋愛事情と草食系男子

雑談ネタのポイント

　日本の抱えている「人口問題」「少子化問題」をテーマにした雑談になっています。こんな話をするときには、あまりプライベートに立ち入らないように気をつけたほうがいいでしょう。たとえば、Why are you still single?「どうして結婚しないのですか？」や Do you have kids?「子どもはいますか？」などの質問は、特に女性に対しては使わないほうがいいでしょう。

　ただ、ダイアログでも取り上げている「草食（系）男子」の話は、結構ウケると思います。お勧めです。残念ながら、herbivore men と「そのまま」訳してもまず通じません。men who are not interested in finding a mate のように、説明してあげないとわかってもらえないと思いますので、注意してください。

 ## 話を膨らませるためのポイント

in other words
言い換えると、つまり

直前に使った言葉が、相手にとってわかりにくいと感じられた場合に、この in other words を使って説明を補足することができます。相手が「？」という表情をしていたら、すかさず補足説明をすることで、会話の流れを妨げずに済みますね。

 ## 注目したいフレーズ

❶ What's with ...?
…はどうしたのですか？

What's with the funny face? なら「変な顔してどうしたの？」、What's with you? は、「何かあったの？」「一体どうしたの？」という意味になります。このように、「何か変だ」と感じていることに対して「どうしたのですか？」とたずねるための表現です。

> **A: What's with the long face?**
> （浮かない顔をしているけど、どうしたの？）
>
> **B: I just had a bad day. I think I'll go home early and get some rest.**
> （嫌なことがありまして…。今日は早く帰って休もうと思います）

第2章 ビジネス英語雑談 インバウンド編……フレンドリーな会話

❷ What do you think are some of ...?
…には、どのようなものがあると思われますか？

具体的な例をいくつかあげてもらいたいときには、こんな表現を使ってみてはいかがでしょうか。Can you give me a few examples?（いくつか例をあげてもらえませんか？）などに近いニュアンスです。

A: What do you think are some of the advantages of traveling by train?
（列車で旅をする利点には、どのようなものがありますか？）

B: One great advantage is that you can relax and enjoy the scenery from the window.
（1つの大きな利点は、車窓の風景をゆったり楽しめるということです）

❸ I'm starting to understand ...
…ということが、だんだんわかってきました。

I'm starting to ... は、「…し始めています」→「だんだん…してきました」という意味です。他にも、たとえば I'm starting to get mad. なら、「だんだん腹が立ってきました」という意味になります。

A: I'm starting to understand what you said about our boss.
（上司についてあなたがおっしゃっていたことが、だんだんわかってきましたよ）

B: Glad to hear that we seem to be on the same wavelength now.
（ようやくあなたが、私と同じ考えになってくれたようで、嬉しいです）

 ## ネイティブがよく使う「口ぐせフレーズ」

Can I ask you something?
ちょっと聞いてもいいですか？

p.43 で紹介した a quick question に近い表現で、「ちょっと聞きたいことがあるんですが」というニュアンスで、雑談のきっかけをつくるためのフレーズとして活用できます。Can I ask you something personal? なら、「個人的な質問をしてもいいですか？」「ちょっと立ち入ったことを聞いてもいいですか？」という意味になります。

18 海外の得意先をアテンド

TRACK 24

日本に短期滞在している外国人を、ほぼ1日中アテンドするというケースもよくありますが、そのような場合、相手の悩み相談をしてあげることも珍しくありません。「日本での暮らしには慣れましたか？」「困ったことはないですか？」などと、声をかけてあげましょう。

A: How are you getting along in Japan? Are you getting used to things here?

B: I'm just taking things one day at a time.

A: Okay. Is there anything in particular you enjoy about staying here in Japan?

B: I like how convenient everything is. ①There are convenience stores everywhere, and public transportation is easily accessible and not too expensive.

A: Yeah, Tokyo is a very convenient place to live, even for many Japanese.

B: And the food is really good, too. You can find anything in this city.

A: I agree. Is there anything you don't like about life in Tokyo?

B: Well, ②I still haven't gotten used to being stared at so much. And I've never been anywhere as crowded as Tokyo before.

A: I hear that a lot from people who come to Tokyo for the first time.

B: Yeah. Maybe it won't bother me so much once I get a little more used to it.

A: I hope you find more things to like about this city and Japan, too.

B: Oh, I'm sure I will. Actually, ③I've been thinking about learning a martial art or something while I'm here.

第2章 ビジネス英語雑談 インバウンド編 ……フレンドリーな会話

A: 日本での暮らしはどうですか？ 日本のやり方になじんできましたか？
B: 無理せず、1つひとつ乗り越えていっていますよ。
A: うんうん。日本での暮らしで、特に楽しいと思っていることはありませんか？
B: なんでも便利がいいというのは素晴らしいですね。どこに行ってもコンビニがあるし、公共交通機関も利用しやすい上に、運賃もそれほど高くありませんので。
A: うん。東京は、住むのにとても便利がいいですよね。多くの日本人も、そう感じています。
B: それに、食事情もとても素晴らしいです。ここに住んでいれば、食べたいものはなんでも見つけられます。
A: そうですね。東京での暮らしで、嫌だと思っていることはありますか？
B: うーん、周りの人たちからじろじろ見られるのには、どうも慣れることができませんね。また、東京ほどゴミゴミした町には、私は行ったことがありません。
A: 東京に初めてやってきた人の多くも、そんなことをよく言いますね。
B: ええ。まあ、もう少し慣れてさえしまえば、そんなに気にならなくなるのでしょうけど。
A: 東京と日本のことを、もっと好きになってくれたらいいなと思います。
B: ええ、きっと、もっと好きになると思います。そうそう、東京滞在中に、武道でも習おうかなとずっと思っていたんですよ。

（**A:** 日本人／**B:** 外国人）

NOTES
- get used to ... 「…に慣れる」 ● in particular 「特に」 ● bother 「…を悩ませる」
- martial art 「格闘技、武道」

18 海外の得意先をアテンド

 雑談ネタのポイント

　短期の滞在なら、それほど悩むこともないのかもしれませんが、ある程度の期間日本に滞在するとなると、どうしても「負の側面」も見えてきてしまうものです。
　そんなときは、いろいろとアドバイスをしてあげるといいですよね。ダイアログでも使っているように、Is there anything you don't like about life in Tokyo? などと、「嫌なこと」は無いかを聞いてあげましょう。できれば、その解決策も同時に提供してあげたいですね。また、嫌な面ばかりでなく、Is there anything in particular you enjoy about staying here in Japan? などの質問をして、「日本の暮らしには悪いことばかりではなく、良いこともある」という事実を思い出させてあげるといいかもしれません。

 話を膨らませるためのポイント

How are you getting along in Japan?
日本での暮らしはどうですか？

相手に対する気遣いの姿勢を示すなら、この質問を投げかけてみましょう！ 相手とより親しくなる、よいきっかけになるかもしれませんよ。なお、get along は「やっていく」という意味の句動詞。get along with ... なら、「…とうまくやっていく」「…と付き合う」という意味になります。

 注目したいフレーズ

❶ There are ... everywhere.
…がどこにでもあります。

「どこにでも…がある」は、他にも around every corner などを使って表現することもできます。あるいは、You find ... wherever you go.（どこに行っても…を見つけます）のように表現してもいいですね。

A: What surprised you most about Japan?
（日本について、あなたが最も驚いたことはなんですか？）

第２章　ビジネス英語雑談　インバウンド編……フレンドリーな会話

B: It really surprised me to see that there are vending machines everywhere.
（自動販売機があらゆる場所にあるのを見て、大変驚きました）

❷ I still haven't gotten used to ...
…にはまだ慣れません。

get used to ... で「…に慣れる」という意味になります。to は前置詞ですので、後ろには名詞、あるいは動詞の ...ing 形（動名詞）が置かれます。used の代わりに、accustomed を使うこともできます。

A: I still haven't gotten used to being called by my family name.
（名字で呼ばれることに、どうもなじめません）

B: It might take some time, but you'll soon get used to that, I'm sure.
（時間は少しかかるかもしれませんが、きっとそのうち慣れますよ）

❸ I've been thinking about ...
ずっと…のことを考えていました。

長い間考えていたことについて言及する場合に用いられるフレーズです。「どのくらいの期間考えていたのか」は、for these past five years「この５年間」や for some time「しばらくの間など」のように、〈for ＋時間〉によって示します。

A: So, are you really going to quit?
（本当に辞めちゃうんですか？）

B: Yes. I want to go back to school again and get a master's degree. I've been thinking about it for over a decade.
（ええ。学校に戻って、修士号を取得したいんです。もう、10 年以上もそのことを考えていました）

 ## ネイティブがよく使う「口ぐせフレーズ」

I'm just taking things one day at a time.
無理せず、１つひとつ乗り越えていっています。

take things one day at a time は「物事を１つずつ、確実に片づけていく」という意味です。スポーツなどでは、「１試合ずつ大事に取り組んでいく」というようなニュアンスで使われることもあります。

19 日本は地震大国

日本人は少々の地震では動揺しませんが、多くの外国人は、地震に対する耐性が低いようです。地震について、世界が注目した東日本大震災と絡めて、雑談してみてはいかがでしょうか。

A: It's an earthquake! I'd say it's about a 2 on the *Shindo* seismic intensity scale. It's nothing special.

B: Oh no! I've got to get out of here!

A: It's okay. An earthquake this small is nothing to worry about.

B: Japanese people are really unaffected by earthquakes. ①Speaking of earthquakes, what was it like during the Great East Japan Earthquake?

A: Well, at the time, I was in Tokyo, and all of the trains had stopped, so I had to walk four hours to get to my house.

B: That must have been terrible. After the earthquake, do you think people became more aware of disaster prevention?

A: Yes, I do. Now, I always keep an emergency supply bag by the entrance of my home. It has things like water and a radio.

B: I see. I think I should follow your example.

A: We also have regularly scheduled evacuation drills and AED training classes at our company.

B: That's good to hear.

A: In Japanese, ②there is a saying that goes *Sonae areba urei nashi*, which means "If you are prepared, you don't have to worry."

B: ③I'll be sure to check out the evacuation routes and shelter areas in my neighborhood, too.

第2章　ビジネス英語雑談　インバウンド編……震災・復興

A: あ、地震だ。震度2ぐらいですかね。たいしたことないです。

B: 大変だ！逃げなきゃ！

A: 大丈夫ですよ。このぐらいの小さい地震は、どうってことないですから。

B: 日本の人は地震があっても、ほんとにへっちゃらなんですね。地震といえば、東日本大震災のときは、どうだったんですか？

A: 当時、私は東京にいたのですが、電車がすべてストップしてしまったので、4時間かけて、徒歩で家まで帰りました。

B: それは大変だったでしょうね。震災後、人々の防災に対する意識は高まったと思いますか？

A: ええ、そうですね。私は、常に非常用持ち出し袋を玄関のところに置くようになりました。水やラジオなどを入れています。

B: なるほど。私も見習おうかなと思います。

A: 会社でも、定期的に避難訓練や、AEDの講習会を行うようになりましたね。

B: それは素晴らしいですね。

A: 日本語には「備えあれば憂いなし」ということわざがあります。「いざ」という場合に備えておけば、心配する必要などないという意味です。

B: 私も、地域の避難経路や避難場所などを確認しておきます。

（**A:** 日本人／**B:** 外国人）

✏ NOTES

- the *Shindo* seismic intensity scale 「震度」→アメリカなどでは「メルカリ震度階級」という、IからXIIの12段階で表されるものを使っているため、このように言わないと通じません。
- unaffected 「影響を受けない、動じない」　● the Great East Japan Earthquake 「東日本大震災」　● disaster prevention「防災」　● an emergency supply bag 「非常持ち出し袋」　● follow one's example 「…を見習う、…を手本にする」　● evacuation drills「避難訓練」　● shelter area 「避難場所」

19 日本は地震大国

雑談ネタのポイント

外国人が日本に慣れているかどうかは、地震が起きたときに一発でわかります。あわてず騒がず、「またか」という顔をしていたら、その人がかなり日本に慣れている証拠です。

日本人ほど、地震に慣れてしまっている民族は他にいないでしょう。日本に来たばかりの外国人のほとんどは、たいていの日本人なら席を立つこともないと思われる震度2ぐらいの地震で、かなり大騒ぎします。

また、彼らは、東日本大震災の「その後」をとても気にしているようです。ただし、さまざまな情報が入り乱れていますから、勝手な想像や憶測で語ってしまって不要に混乱させないように注意しましょう。

話を膨らませるためのポイント

It's nothing special.
たいしたことないです。

ここでは「特別なものではない」→「日常茶飯事だから落ち着いて」という意味で使われています。うまく使って、相手を落ち着かせてあげましょう。なお、実際の日常会話では、「いやあ、たいしたことないですよ」などと謙遜するときにも使えます。

注目したいフレーズ

❶ Speaking of ...,
…と言えば

「…と言えば、…はどうですか？」と、話題の転換をしたいときに使えるフレーズです。Talking of ... を使う場合もあります。That reminds me (of) ...「それで思い出したんだけど…」も、似たような状況で使われるフレーズですね。

A: I went to that new Italian restaurant last night with Takashi.
（新しくできたイタ飯屋に、昨晩タカシと一緒に行きました）

B: Speaking of Takashi, where is he? I need to talk with him about the project.
（タカシといえば、彼はどこにいるんですか？ プロジェクトのことで話があるのですが）

第 2 章　ビジネス英語雑談　インバウンド編 ……震災・復興

❷ There is a saying that goes ...
「…」ということわざがあります。

やや説教くさい感じにはなってしまいますが、適宜、日本のことわざを挟んでいくと、雑談のよいスパイスになるのではないでしょうか。代表的なことわざの英訳をいくつか覚えておきましょう。

A: There is a saying that goes *Toranu tanuki no kawazan-you*, **which means "Don't count your chickens before they hatch."**
(「取らぬ狸の皮算用」ということわざがあります)

B: I know what you mean. You can never be too careful.
(わかります。注意してもしすぎることはありませんよね)

❸ I'll be sure to ...
必ず…します。

この I'll be sure to ... は、「必ず…します」と相手に約束する場合などに使います。たとえば、I'll be sure to call you. なら「必ず電話します」、I'll be sure to do that. なら「必ずそうします」という意味になります。

A: Please keep me informed of any changes.
(何か変化があったら、逐次知らせてください)

B: I'll be sure to let you know if anything happens.
(何かあったら、必ずお知らせいたします)

 ## ネイティブがよく使う「口ぐせフレーズ」

It's okay.
大丈夫ですよ。

ダイアログでは、It's okay. を、「大丈夫ですよ」と安心させる言葉として使っていましたね。It's okay. は、他にも「いいんですよ」と相手を許したり、「どういたしまして」というニュアンスで使うこともあります。非常に便利な言葉なので、どんどん活用してみましょう。

20 台風や災害

地震と並んで、日本でおなじみの災害といえば「台風」ですね。台風がなぜ日本によくやって来るのかや、台風で電車が止まってしまう話など、台風にまつわる様々なエピソードを英語で語ってみましょう。

A: Not only are earthquakes common in Japan, there are many typhoons as well.

B: That's right. Every year when summer comes around, a lot of typhoons hit Japan, almost as if they were aiming for it.

A: I wonder why Japan gets hit by so many typhoons.

B: I'm not a specialist, but it seems to be due to the expansive Pacific Ocean that runs along the south of Japan. Typhoons from the equatorial region of the Pacific travel north, and are blown towards the islands of Japan ①due to the influence of the westerly winds.

A: Whenever I see the weather reports on TV, I always think, "These typhoons are taking quite a course to get to Japan." So it was because of the westerly winds, huh?

B: If a typhoon hits land, trains are often stopped due to landslides and blackouts.

A: That must be awful.

B: Some people who just can't get off from work during typhoons will actually spend the night at their office.

A: Why would they... Japanese people sure do love their jobs.

B: ②Apparently, some companies will even arrange hotel rooms for employees who can't go home because of typhoons.

A: Hmm, ③I think it might be better to just go home early.

B: That's true. I, myself, try to get home early whenever there's a typhoon because it'd be a pain if I was unable to get home.

第２章　ビジネス英語雑談　インバウンド編……震災・復興

A: 日本は地震だけでなく、台風も多いんですね。
B: そうですね。毎年夏になると、たくさんの台風が、狙い澄ましたように、日本にやってきます。
A: どうして日本は多くの台風に襲われるんでしょうか。
B: 私は専門家ではないのですが、日本の南に広大な太平洋が広がっていることが原因らしいですね。太平洋の赤道付近で生まれた台風が北上してきて、偏西風の影響で日本列島にやってきます。
A: テレビの天気予報を見ていて、いつも、「台風はものすごいコースで日本にやって来るなあ」と思っていました。偏西風のせいだったんですね。
B: 台風が直撃すると、土砂災害や停電などのため、電車が止まってしまうことがよくあります。
A: それは困りますね。
B: どうしても仕事を休めない人は、台風のときは、会社に泊まったりしています。
A: 何もそこまでしなくても…。日本人は、本当に仕事が大好きなんですね。
B: 会社によっては、台風で帰宅できない従業員のために、人事部がホテルを手配してくれるみたいですね。
A: うーん、それよりも、早く家に帰ればいいのに。
B: たしかにそうですね。私は、台風のときは、さっさと家に帰るようにしています。帰れなくなったらこまっちゃいますからね。

（A: 外国人／B: 日本人）

NOTES
● come around 「やってくる」　● aim for ... 「…を目指す、…を狙う」　● expansive 「広大な」　● equatorial region 「赤道地域」　● the westerly winds 「偏西風」　● landslide 「土砂崩れ、地滑り」　● blackout 「停電」　● get off from work 「仕事を休む」

20 台風や災害

 雑談ネタのポイント

　日本は地震大国であると同時に、台風の被害も頻繁に受けています。あまり台風になじみがない国の出身者が、台風のあまりの風雨の強さに驚き、「ビルが吹き飛んじゃう！」と心配していたことがあります。日本人は、相当風雨が激しくても、割と「へっちゃら」ですよね。そんなときは、I've seen worse.（まだいいほうだよ。もっとひどいのを見たことがあるからね）などと言って、安心させてあげましょう。
　「明日の朝は、台風が直撃するので、出社できないから、今日は会社のそばのホテルに泊まろう」などという発想は、彼らにはまったく理解できません。台風のときは会社を休んで構わない、という文化が定着するといいなあと個人的にも強く思います。

 話を膨らませるためのポイント

I'm not a specialist, but ...
私は専門家ではありませんが…。

「専門家ではないが、私に言わせれば…」というニュアンスで、「素人なりの考え」を伝えるために活用してください。こういう前置きがあれば、気軽に自分の考えを明らかにできるはずです。

 注目したいフレーズ

❶ due to the influence of ...
　…の影響のため

原因を示すために使えるフレーズです。この due to ...「…のために」は、事故や失敗、怪我などといった「よくないこと」について用いられる傾向があります。ほぼ同じ意味の because of ... は「よいこと」についても用いることができます。

> A: Why have typhoons been occurring more often in recent years?
> （近年、台風がより頻繁に発生するようになってきているのはどうしてですか？）
>
> B: I heard it's **due to the influence of** global warming.
> （地球温暖化の影響らしいですね）

第 2 章　ビジネス英語雑談　インバウンド編 ……震災・復興

❷ Apparently, ...
どうやら…のようです。

「見た感じでは…のようです」「どうやら…のようです」のように、確実ではないが「客観的に見てそう思われる」という場合に使える表現です。seemingly に近いニュアンスの副詞です。

A: What's wrong with Jim? Why is he looking for something so desperately?
（ジムは、どうかしたのですか？　なぜ、必死になって何かを探しているのでしょうか？）

B: Apparently, he left his wallet at home.
（どうやら家に財布を忘れてきたようです）

❸ I think it might be better to ...
…したほうがいいかもしれません。

「…したほうがいいように思われます」のように、客観的な意見を述べる際に用いる表現です。You should … や You might want to … などのように、You を主語にしていないため、押しつけがましくない感じにすることができます。

A: I think it might be better to just forgive and forget.
（もう水に流してしまったほうがいいかもしれませんね）

B: To tell you the truth, I feel the same way.
（実は、私もあなたと同じ考えなのです）

 ネイティブがよく使う「口ぐせフレーズ」

That must be awful.
それは困りますね。

この must は「…に違いない」という意味の助動詞です。「それはきっと困ったことになってしまうでしょうね」と、相手に対して強い共感を示すために使えるフレーズです。

21 日本人の宗教観と針供養

TRACK 27

インバウンド編最後の雑談は、「針供養」についてです。なんとなく知って いてもきちんと説明するのは、なかなか難しいものです。その背景までも 知っておくと雑談が深いものになります。日本古来の文化や風習などにつ いてはふだんから興味を持って知識を蓄えておくとよいでしょう。

A: Are you familiar with the custom of Hari-Kuyo?

B: No, I'm afraid I'm not. Could you tell me about it?

A: Sure. It's a semi-religious event that's observed on February 8 in the east and northeast parts of Japan, and on December 8 in the western parts.

B: I see. It's interesting that there seems to be a disparity between what date it's held on from region to region. ①Please tell me more.

A: Gladly. During the ceremony — which, by the way, is a solemn event — women from a given area gather at their local shrine or temple.

B: Uh huh.

A: There, they bring the broken and spent needles that they have acquired over the year from sewing and mending, and they lay them to rest in a sense by placing them in ceremonial tofu or konyaku that is placed on a small altar. Threads of the five Buddhist colors are sometimes tied to these needles. The needles are held in reverence and given thanks for their service and the help that they have offered their respective seamstresses.

B: Wow, such reverence for one's tools is quite remarkable.

A: Isn't it? The practice has been around for 400 years, give or take, and it is not only a chance to pay respect to and give thanks for the service of one's sewing and mending tools, it is also an occasion to reflect on one's own abilities and pray for improved skill.

B: Wow. It has so many different facets and meanings.

第 2 章　ビジネス英語雑談　インバウンド編 ……宗教

A: 針供養という慣習をご存知ですか？
B: いいえ、聞いたことないですね。私に教えていただけませんか？
A: ええ。半ば宗教的な行事で、関東や東北では 2 月 8 日に、関西では 12 月 8 日に行われています。
B: なるほど。地域によって、日にちの違いがあるのが興味深いですね。もう少しくわしく教えてください。
A: もちろんです。針供養の儀式のときには、これは厳粛な儀式ですが、その地域の女性たちが地元の神社やお寺に集まります。
B: ふむふむ。
A: 彼女たちは 1 年間の針仕事の間に溜まった、壊れた針や使い古した針をそこへ持参します。そして、それらの針を、小さな祭壇に置かれた儀式用の豆腐やコンニャクに刺して、言わば「埋葬」するのです。仏教を表す 5 色の糸を、針につけることもあります。人々はそれらの針に敬意を表し、それらが使い手に対して捧げてきた労力と助力に対して感謝するのです。
B: 素晴らしい！ 道具に対して、そこまで敬意を払うなんて、すごいことですね。
A: でしょ？ この慣習は 400 年ほどの歴史があります。針供養は、自分の道具に対して、針仕事に従事してくれたことへの敬意を示し、感謝するための機会だというだけではありません。それは、自分の針仕事の腕前のことをよく考えて、上達することを祈願する機会でもあるのです。
B: なるほど。針供養には、それほどまでに様々な側面と意味合いがあるんですね。

21 日本人の宗教観と針供養

A: Yes, it does. It is said to also be reflection of the Japanese idea of *mottainai*, the idea of not being wasteful.

B: Truly fascinating. ② I'd love a chance to see this ceremony first-hand.

A: Well, I'm afraid it's too late for the ceremonies that take place in February, but it may be worth it to travel west to see those happening in December.

B: ③ That's just what I'll do. I wonder what the best place to see the Hari-Kuyo ceremony would be?

第 2 章　ビジネス英語雑談　インバウンド編 ……宗教

A: ええ、そうですね。針供養は、日本の「もったいない」、つまり「浪費をしない」という概念を反映したものであるとも言われていますよ。

B: それはとても素晴らしいですね。機会があったら、針供養という儀式を、ぜひこの目で実際に見てみたいです。

A: 2月に行われる針供養にはもう間に合いませんが、12月に針供養が行われる様子を見るために、関西に旅行するのはいいかもしれませんね。

B: そうしようと思います。針供養の儀式を見るには、どこに行くのが一番いいでしょうか？

（**A:** 日本人／**B:** 外国人）

NOTES

● custom「習慣、慣習」　● semi-religious「半ば宗教的な」　● disparity「相違、不均衡」　● from region to region「地域によって」　● solemn「厳粛な、真面目な」　● given「ある特定の」　● gather「集まる」　● spent「使い古した、使い果たした」　● sewing「縫い物」　● mending「修繕、繕い物」　● lay ... to rest「…を休ませる」　● ceremonial「儀式用の」　● altar「祭壇」　● hold ... in reverence「…を尊敬する」　● respective「それぞれの」　● seamstress「お針子」　● remarkable「まれに見る、珍しい」　● practice「習慣」　● give or take「およそ」　● pay respect to ...「…に敬意を表する」　● reflect on ...「…を熟考する、…を顧みる、…を反省する」　● improved skill「向上」　● reflection「反映、表れ」　● wasteful「浪費する、無駄の多い」　● firsthand「直接、直に」　● take place「行われる」

21 日本人の宗教観と針供養

雑談ネタのポイント

「宗教の話は危険だから避けたほうがいい」というアドバイスをよく耳にします。確かにそのとおりかもしれませんが、あまり深く立ち入らなければ、「危険」とまで言うことはないと思います。

特に、日本の伝統的な（半）宗教的習慣について触れるのは、まったく問題がないと思います。「お正月」「夏祭り」「七五三」「お墓参り」「お盆」など、宗教施設であるお寺や神社が舞台となる日本の「イベント」は数多くあります。訪日外国人に、似たような行事が母国にあるか聞いてみると、意外な発見があるかもしれませんよ。

話を膨らませるためのポイント

Are you familiar with the custom of ...?
…という慣習をご存知ですか？

日本独自の慣習や習慣を雑談の切り口にしたい場合、この表現を使うと便利に導入できますね。なお、その慣習・習慣について、日ごろから英語で簡単に説明できるようにしておくといいと思います。

注目したいフレーズ

❶ Please tell me more.
もう少しくわしく教えてください。

このあと p.131 で学習する、Could you elaborate? と、ほぼ同じ意味のフレーズだと言えます。相手の発言に対して、「興味があるので、もっと教えて！」という感じで「食いつく」ときに使ってみましょう。

> **A: This tower was built as a memorial following the civil war that lasted four years.**
> （この塔は、4年間続いた内戦の終結の記念として建てられました）
>
> **B: A civil war? Please tell me more.**
> （内戦？ もう少しくわしく教えてもらえませんか？）

第2章 ビジネス英語雑談 インバウンド編 ……宗教

❷ I'd love a chance to ...
機会があったらぜひ…してみたいです。

「そういうチャンスがあったら、ぜひ…したい」という意味ですね。love の代わりに like を使って、I'd like a chance... ということもできます。

A: I'd love a chance to attend a formal masquerade party here someday.
（もしチャンスがあったら、いつか、正式な仮面舞踏会に出席してみたいんですよね）

B: I'm afraid those aren't as common as the movies would have you believe.
（映画を見て信じてしまったのかもしれませんが、そんなに一般的なものではないんですよ）

❸ That's just what I'll do.
そうしようと思います。

相手の意見などに対し、「それは、まさに私のやることです」、つまり「そうしようと思います」と、全面的に受け入れる場合のひとことです。

A: If you want to learn more about the traditional clothing of Germany, you can check out the cultural museum.
（ドイツの伝統的な服装についてもっと知りたかったら、文化博物館を見てみるといいですよ）

B: That's just what I'll do.
（そうすることにします）

 ### ネイティブがよく使う「口ぐせフレーズ」

Truly fascinating.
本当に素晴らしいです。

形容詞の意味を強めたい場合に very や really を常に使っていては、あまりに芸がありません。ネイティブがよく使う truly「本当に」を、あなたも適宜使ってみてはいかがでしょう？ incredibly や awfully なども「強意の副詞」として活用できます。

☕ コラム　イナゴはイナゴ!?

　イナゴは英語で、Grasshoppers と言います。しかし、イナゴが世界のいろいろな所でどのような位置づけにあるかは、異なるようです。世界中で活動を広げているある銀行のコマーシャルで、以下のようなものがありました。

Grasshoppers
　- Pest in the U.S.A.
　- Pet in China
　- Appetizer in Northern Thailand
"We never underestimate the importance of local knowledge ..."

　「イナゴ―アメリカでは害虫、中国ではペット、タイ北部では前菜」という面白くてインパクトのあるメッセージですね。この銀行が何を伝えたいかというと、「私たちは、地元の知識を決して過小評価しません」ということで、自分たちは世界のローカルバンク（"The World's Local Bank"）で様々な国・地域にいる顧客の個別のニーズに応えますと言うことです。この広告を、飛行機の搭乗ブリッジ（Boarding Bridge）でご覧になった方もいらっしゃるかも知れませんね。

　こうしたちょっとした異文化の知識は雑談に大いに役に立ちます。本書の別のところ（200ページ）で CQ=Cultural Intelligence に触れますが、CQ の最初の要因である動機（Drive）はこうした文化による違いに関心を持つことから養われていきます。そんなお話をある企業の研修でした後に、夏休みを利用して新潟に行った帰りの長野県のあるパーキングエリア内の店の中を歩いていたらあるものが目に飛び込んできました。それは、なんとイナゴの佃煮の瓶詰でした。CQ が大切と説く者として、日本ではイナゴは害虫だ、と思い込んでいたのは明らかに先入観による決め付けだったと知らされました。日本だって、イナゴを食べる人はいますし、戦時中は貴重なタンパク源でもあったはずです。つねに心を開いて、いろいろな事象から謙虚に学ぶことを怠らないことが大切だと改めて思わされました。

　ちなみにこの銀行のテレビ・コマーシャルには、世界各地特有の習慣が出てきます。会議、接待、食事、ジェスチャー等など実に様々な異文化の習慣が紹介されています。ある国でよしとされる習慣が他国では認められないケースが多く紹介されていて、雑談力を付けるための情報の宝庫でもあります。皆さんもぜひご覧になって雑談力を磨いてください。（藤井正嗣）

第3章

ビジネス英語雑談
アウトバウンド編

日本人が、訪問先、あるいは滞在先の会議で、現地の人たちとする雑談、つまり「アウトバウンド雑談」の具体例を見てみましょう。

今度は「ホーム」ではなく「アウェイ」なので、少し難度は上がるかもしれません。

雑談を通じて、異文化コミュニケーションを楽しんでください！

22 紙の本と CD について熱く語る

日本では、都心に行けば、大型書店や CD ショップがあり、品ぞろえも豊富で、眺めているだけで時間があっという間に過ぎ去っていきます。レンタルビデオショップは深夜までオープンしていて、映画が観たければいつでも自宅で楽しめます。でも、欧米では少し事情が違うようです。

A: Excuse me, ①can I ask you a question about something I've noticed since I've been here?

B: Sure, go ahead.

A: There don't seem to be as many bookstores here as there are in Japan. Why is that?

B: Ah, yes. Well, paper books are kind of going out of style these days.

A: What?!

B: Yeah, same with newspapers, CDs and magazines.

A: How can that be?

B: Well, more people are buying and consuming media in digital form these days. There are websites and smart device applications that offer books, movies and music all at the touch of your fingertips.

A: Interesting. ②That would explain why there are also barely any music stores or movie rental shops.

B: ③Exactly. And it's even starting to look like TV will be the next thing to go the way of the dinosaurs.

A: Dinosaurs?

B: In other words, extinct. Several online sites offering streaming movies and shows are starting to give TV a run for its money. Do you have anything like that in Japan?

104

第3章　ビジネス英語雑談　アウトバウンド編……ビジネスモデル

A: すみません、こちらに来てからずっと気になっていることがあるのですが、お聞きしてもよろしいですか？

B: ええ、どうぞ。

A: こちらの国には、日本ほど本屋がないように思われます。どうしてでしょうか？

B: ああ、そうですね。うーん、紙の本は、最近では流行遅れのようになっていますよ。

A: 本当に？

B: ええ、新聞、CD、雑誌なんかもそうですね。

A: どうしてそうなるんでしょうか。

B: うーん、最近は、デジタルの形でメディアを購入したり消費する人が増えているんです。ウェブサイトやスマートフォンなどの機器のアプリで、指先1つで、本、映画、音楽を手に入れられますからね。

A: 興味深いですね。CDショップやレンタルビデオ店などがほとんどないことも、それで説明がつきます。

B: そのとおりです。さらに言えば、どうやら今度はテレビは、恐竜と同じ道をたどることになりそうです。

A: え、恐竜？

B: つまり、「絶滅する」ってことです。オンラインのストリーミング動画配信サイトのいくつかが、テレビに戦いを挑んでいます。日本にも、似たようなものはありますか？

（**A:** 日本人／ **B:** 外国人）

📝 NOTES

● **Go ahead.** 「どうぞ」→「行ってみてください」「やってみてください」のように、相手をうながすための表現です。　● **go out of style** 「流行らなくなる、廃れる」　● **consume** 「…を消費する」　● **fingertip** 「指先」　● **give ... a run for one's money** 「…に挑戦する、…と張り合う」

22 紙の本と CD について熱く語る

雑談ネタのポイント

　日本では、電子書籍の普及率はまだまだといった感がありますが、アメリカなどでは、すでに驚くほど普及しています。また、本を買う人にしても、amazon などのオンラインサービスを使うことがほとんどですから、本屋を見ることは本当に少なくなりました。
　そんな世の中だからこそ、「紙の本の良さ」について、熱く語ってみるというのはどうでしょう？　ちなみに、「紙の本」は paper books といいます。「電子書籍」は e-books です。
　音楽に関しても、「CD とダウンロード販売のどちらがよいか？」という、ディベートの王道テーマがありますね。

 ## 話を膨らませるためのポイント

How can that be?
どうしてそうなるんでしょうか。

　驚きの気持ちを込めながら、「どうしてですか？」と尋ねるためのフレーズです。毎回 Why? を使って理由を聞いていると単調になりがちですから、たまにはこんな「やや大げさ」なリアクションも交えると、うまく会話を盛り上げていけるかもしれませんよ。

 ## 注目したいフレーズ

❶ Can I ask you a question about something ...?
　　…について、お聞きしてもよろしいですか？

something の後に関係詞節などを続けて、何に関する質問なのかを示すことができます。また、Can I ask you a question about something? とだけ言った後で、具体的な質問を改めて述べるというパターンもあります。

> A: **Can I ask you a question about something** that's been bothering me since I got here?
> （こちらに来て以来、あることにずっと悩まされているのですが、そのことについてお聞きしてもよろしいですか？）

第 3 章　ビジネス英語雑談　アウトバウンド編 …… ビジネスモデル

B: **Sure. What's been bugging you?**
（もちろんです。どんなことに悩まされているのですか？）

❷ That would explain why ...
それで、なぜ…なのかの説明がつきますね。

相手の話に対して、「ああ、そういうことなら…の説明がつきますね」のように、納得したことを伝えるフレーズ。以下の例のように、仮定法の would を使わずに、That explains why ... という形にすることもよくあります。

A: **The public transportation here isn't really reliable.**
（この国では、公共交通機関があまり信用できません）

B: **Ah, that explains why everyone owns their own car.**
（なるほど、それで、誰もが自分の車を持っているわけですね）

❸ Exactly.
そのとおりです。

「そのとおりです」「よくぞ言ってくれました！」と、相手の発言に完全な賛同を示すときに使います。You said it.（あなたは私の言いたいことを言いました。→おっしゃるとおりです！）や You can say that again.（もう一度言ってもいいぐらいです。→まったくそのとおりです）なども、似たようなニュアンスをもつ表現です。

A: **So, you're saying that sports and politics are topics to avoid at business dinners?**
（つまり、ビジネスディナーの場では、スポーツや政治の話題は避けるべきだとおっしゃりたいのですね？）

B: **Exactly. Those topics can be really divisive.**
（そのとおりです。そういう話題は、かなり意見が分かれやすいですからね）

 ## ネイティブがよく使う「口ぐせフレーズ」

go the way of the dinosaurs
恐竜と同じ道をたどる

「絶滅する」を婉曲的に表現したフレーズ。go the way of the dodo (bird) という言い方もあります。dodo は、かつてモーリシャス島に生息していた鳥で、今は絶滅してしまっています。ちなみに、as dead as a dodo は「はるか昔に絶滅したドードーと同じぐらい時代遅れで（廃れて）」という意味の慣用句です。

23 日本人による不動産投資

日本企業による不動産の投資が最近盛んに行われています。不動産投資は、興味を持っている人が多く、ビジネス雑談のネタとしてひじょうに有効です。海外で展開する日本企業について雑談をしてみましょう。

A: I hear there have been a lot of real estate investments made by Japanese companies here lately. I wonder why that is.

B: Really? Well, now that you mention it, my company has been trying to expand into foreign markets and pursuing real estate ventures in Asia and Latin America.

A: Now that's interesting. ①Is there any particular reason your company is making these moves now?

B: I can think of only a few ②off the top of my head. One big reason is that our government has recently been offering subsidies and tax benefits for companies willing to make foreign investments.

A: Oh, I see. That explains things a little.

B: Right. That's partly why my company has sent me here.

A: Alright. Another thing I find interesting is just how quickly the amount of investments has increased, especially considering that about five years ago, there were only maybe two Japanese companies in the area. Last I heard, that number had jumped to almost 40.

B: Wow, that *is* a lot. It may also have to do with a lot of business-savvy companies realizing that the domestic Japanese market has not just remained stagnant over the past decade or two, it is also set to slowly start shrinking as Japan's population, and thus the number of consumers, continues to drop.

第 3 章　ビジネス英語雑談　アウトバウンド編 ……ビジネスモデル

A: この国では近年、日本企業による不動産の投資が、盛んに行われてきたそうですね。それはどうしてなんでしょうか。

B: そうですか。そう言われてみれば、うちの会社も海外市場への進出を試みていますし、アジアやラテンアメリカ地域で不動産投機を行っています。

A: それは興味深いです。あなたの会社がそのような動きをしているのには、何か特別な理由があるのですか？

B: ぱっと思いつく理由はそれほどありませんが、大きな理由の1つは、最近、日本の政府が、海外投資に積極的な企業に対して補助金や税制の優遇を提供していることですね。

A: ああ、なるほど。それでいくらか説明がつきます。

B: ええ。まあ、それも、私の会社が私をこの国に派遣した理由の1つなんですけどね。

A: なるほど。投資の金額が急速に増えていることも興味深いですね。5年ほど前のことを考えてみれば、この地域で活動していた日本企業は2社ぐらいしかありませんでしたからね。最近聞いたところでは、日本企業の数は40近くに跳ね上がっているそうですよ。

B: へえ、それは確かに多いですね。日本国内市場がこの10年から20年の間停滞しているだけでなく、日本の人口、そして日本の消費者人口の継続的減少のために徐々に縮小しつつあることを、ビジネス手腕のある企業の多くが認識していることと、大いに関係がありそうです。

23 日本人による不動産投資

A: I hadn't thought about it in those terms. ③ Now I see why a lot of companies may be feeling pressure to branch out overseas.

B: Yeah, that's definitely something we always try to keep in mind when planning future business projects.

A: And what better place to start than land acquisition?

B: Exactly. It's the one commodity that there will never be any more of. How about your company? Any plans to expand abroad?

第3章 ビジネス英語雑談 アウトバウンド編……ビジネスモデル

A: そのような観点から、このことを考えたことはなかったですね。だから、多くの企業が海外に手を伸ばさなければならないというプレッシャーを感じているんですね。

B: ええ。私たちが、将来的な事業計画を立てる際には、そのことを必ず念頭に置くようにしています。

A: それには土地買収から始めるのがベスト、というわけですね。

B: その通りです。土地という商品は、これ以上増えるものではありませんから（だから、「早いもの勝ち」ですよ）。御社はどうでしょうか？ 海外に進出する計画はありますか？

（**A:** 外国人／**B:** 日本人）

NOTES

- real estate investment「不動産投資」 ● expand into ...「…に進出する」 ● pursue「…を追求する」 ● off the top of one's head「思いつきで」 ● subsidy「助成金」 ● tax benefit「税制優遇」 ● jump to ...「…に跳ね上がる」→ 温度や金額など、主に「数値」に関して使う表現です。 ● business-savvy「ビジネスに精通した」→ savvy は「抜け目ない、情報通の」という意味の形容詞。 ● domestic「国内の」 ● stagnant「停滞した、よどんだ」 ● decade「10年間」 ● branch「分岐する」 ● land acquisition「土地買収」 ● commodity「商品、日用品」

23 日本人による不動産投資

 雑談ネタのポイント

　各企業の個別具体的な海外展開について深く話をするのは、不慣れな英語を使っての雑談のトピックとしては、ややヘビーすぎる感じもしますが、「弊社は○○と△△、それに××に、海外拠点があります」や「将来的には東南アジアへの展開を考えています」など、ざっくりとした情報をシェアするだけでも十分でしょう。

　また、もしご自身に海外赴任予定があるなら、その赴任先についての情報を相手に聞いてみるのも面白いでしょう。思わぬ有用な情報が得られるかもしれませんよ。

 話を膨らませるためのポイント

Now that you mention it, ...
そう言われてみれば…。

相手の発言を受けて、「そういえば、こんな話もありますよ」と、さらに会話を広げていくためのフレーズです。That reminds me, ...「それで思い出したんだけど…」も、ほぼ同じニュアンスの表現で、「そういえば…」と話をつなぐために活用できます。

 注目したいフレーズ

❶ Is there any particular reason ...?
…には特に何か理由があるのですか？

「特筆すべき理由があれば、それを教えて欲しい」というニュアンス。「理由はいろいろあるんでしょうけど、とりわけ重要な理由はなんでしょう？」と尋ねています。

> A: **Is there any particular reason** that the roads here are so **wide**?
> （この国の道路の幅がこんなに広いのは、特に何か理由があるからですか？）
>
> B: Well, they were originally made for larger horse-drawn carriages to use.
> （ええ、もともとは、大型の馬車が通れるように作られたのです）

第3章　ビジネス英語雑談　アウトバウンド編 ……ビジネスモデル

❷ off the top of my head
思いつきで言う限りでは

「深く考えたわけでもくわしく知っているわけでもないが、パッと思いつくところでは…」という意味の前置き表現。I may well be wrong, but ... 「私は間違っているかもしれませんが…」のように言うこともできます。

A: By the way, do you know the population of this city?
（ところで、この都市の人口をご存知ですか？）

B: I don't know the exact number off the top of my head, but think it's around 600,000 people.
（ちょっと考えただけでは正確な数字は出てきませんが、大体60万人ぐらいというところでは？）

❸ Now I see why ...
なるほど、だから…なんですね。

「なるほど、そういうことなんですね」「おかげで理由がわかりました」のように、相手の説明に対して納得したことを示すひとこと。

A: Most stores here don't have credit card readers.
（この国のほとんどの店には、クレジットカード読み取り機は置いていません）

B: Now I see why it's so important to keep cash on me at all times here.
（だから、ここでは、いつも現金を持っておくことがとても大切なんですね）

 ネイティブがよく使う「口ぐせフレーズ」

Last I heard, ...
最近聞いたところでは…。

「この間聞いたところでは」のようなニュアンスで、「今は知らないけど」という内容を暗に含んでいます。"Is he in Mexico?" "Last I heard."（「彼はメキシコにいるんですか？」「最後に聞いた話では、そうですね」）のように、質問に対する答えとして使うこともできます。

24 欧米型集中仕入れ・集中販売の スーパーは日本では成功しない？

🔊 **TRACK 30**　欧米型集中仕入れ・集中販売のスーパーは日本では成功しないと言われています。その理由は、意外なところにありました。日本の歴史と欧米の流通を結びつけるという知的な雑談ワザはぜひ体得しておきたいものです。

A: Wow! This supermarket has just about everything!

B: Yeah. This is pretty standard fare for larger supermarket chains like this one.

A: Japanese supermarkets usually don't have this much variety.

B: Oh? Why not?

A: There are many historical and economic reasons, but ① historically, Japan was divided into fiefdoms for feudal lords during our Sengoku, or Warring States, period from 1467 to about 1603. During that period, not many lords were willing to rely on goods or support from other lords' regions.

B: I see. That's fairly understandable.

A: Even after that, many regions were fairly insular and tended to rely on goods and produce from within their own borders.

B: Really? Is that true even today?

A: ② To a certain degree, yes. In modern day Japan, many grocery store suppliers have contracts with local farmers and agricultural entities that help ensure that fresh food gets to their supply chain, but this also limits the breadth of goods available at their stores. There is not as much centralized purchasing as there seems to be here in your country.

114

第 3 章　ビジネス英語雑談　アウトバウンド編 …… ビジネスモデル

A: うわあ、このスーパーには、ほとんどなんでも揃っているんですね！

B: ええ。この店のようにチェーン展開している大規模なスーパーとしては、ほぼ標準的な規模ですよ。

A: 日本のスーパーには、普通、ここまでの品揃えはありませんよ。

B: え？　どうしてですか？

A: 数多くの歴史的および経済的な理由がありますが、歴史的に見ると、日本は 1467 年から 1603 年頃の戦国時代に、大名の領土ごとに分割されましたが、当時の大名たちは、他の大名の領土の物品や援助に頼ることを良しとしなかったのです。

B: なるほど。それは十分理解できます。

A: 戦国時代以降も、多くの地域が「鎖国」に近い状態を保ち、自分の領土内の物品や農産物を利用する傾向にありました。

B: 本当に？　現代ですら、そうなんですか？

A: ある程度は、そういうところがありますね。現代の日本では、多くの食料品供給業者は、地元の農家や農場と契約を結んでいます。そうすることで、新鮮な食料品を、自社のサプライチェーンに届けることができます。しかし、これによって、店舗で入手できる商品の品揃えは限られてしまいます。あなたの国のような「集中型仕入」は、日本ではあまり一般的ではないのです。

24 欧米型集中仕入れ・集中販売のスーパーは日本では成功しない？

B: Is that so? Centralized purchasing may indeed be part of why they are able to keep prices so low, since having a single dedicated purchasing entity can allow for bulk purchasing discounts, but I think ③it has more to do with the sheer ability to distribute goods far and wide at rapid speed. Also, we never had quite a strong economic division between the various regions of our country.

A: Hmm, perhaps so.

B: Then, there's also the heavy reliance on preservatives that's surprisingly prevalent in just about all food and drinks on the market that aren't marketed as organic, and even some that are. Are substances like trans fats and partially hydrogenated oils a big issue in Japan like they are here?

第 3 章　ビジネス英語雑談　アウトバウンド編 …… ビジネスモデル

B: そうなんですか？ 確かに集中型仕入は、単一の専門仕入業者が仕入れを行うことでまとめ買いによる割引が得られるため、価格の低減に寄与します。しかし、集中型仕入は、物品をより広範囲に素早く配送できる純粋な物流能力に、より関係していると思います。さらに、この国では、国内のさまざまな地域の間が、経済的に強く分断されるということは一度もありませんでした。

A: ふーん、そうなのかもしれませんね。

B: 市場のあらゆる飲食物は、驚くほど普及している食品保存料に、過度に依存していますね。「オーガニック」として売られているものを除いてですが。まあ、オーガニックとして売られているものの中にも、保存料を使っているものがあったりしますが…。トランス脂肪酸や半硬化油のような物質は、この国と同じように、日本でも大きな問題になっているんですか？

（**A:** 日本人／ **B:** 外国人）

NOTES

- standard fare 「よくあること、普通の話」　● historical 「歴史的な」　● fiefdom 「領土、支配領域」→ 封建制度の元の領土のことを指しています。　● feudal lords 「領主、大名」
- rely on ... 「…に頼る」　● understandable 「理解できる」　● insular 「孤立した、島国の」　● grocery store 「食料品店」　● entity 「統一体」　● breadth 「広さ、範囲」
- centralized purchasing 「集中型仕入れ」　● dedicated 「専用の、専門の」　● bulk 「大量の、まとめ買いの、大口の」　● sheer 「混ぜ物のない、純粋な」　● distribute 「配達する、配給する」　● division 「分かれていること、区分」　● prevalent 「普及した、流行した」
- substance 「物質」　● trans fat 「トランス脂肪酸」　● partially hydrogenated oil 「半硬化油」

24 欧米型集中仕入れ・集中販売のスーパーは日本では成功しない？

 雑談ネタのポイント

　日本に長いこと滞在している外国人の多くが、このダイアログで話されているような、日本のスーパーの「地域ごとの独自性」に気がついているようです。でも、彼らの多くは、そのような独自性を、逆に楽しんでいるように思われます。「こないだ大阪に行ったら、スーパーでこんなものを売っていたけど、こんなのって東京じゃ買えないよね」などと笑顔で語ったりします。というわけで、スーパーの品揃えの地方ごとの違いは、よい雑談のネタになると思います。わかりやすいのは、関西と関東の差ですね。カップ蕎麦の味の東西の差や、関東ではあまり見かけない「薄口しょうゆ」などの話をしてあげると、結構ウケると思いますよ。

 話を膨らませるためのポイント

Hmm, perhaps so.
ふーん、そうなのかもしれませんね。

やや不満げな感じを残しつつ、「まあ、そうなのかもね」と一応納得するときの典型的パターンです。相手がせっかく説明してくれたのに、いまひとつピンとこない。でも、なんらかのリアクションを返さないと感じが悪いかも…なんて悩んだときには、こう言っておけば安心ですね。

注目したいフレーズ

❶ Historically, …
　歴史的には…。

「歴史的に（見て）」という意味の副詞で、歴史的背景や、史実、あるいはかなり昔の話などについて触れる場合の前置きとして、文頭で用いられます。

> A: **Historically,** this street was famous for the outdoor market place that used to be held here.
> （歴史のことを言えば、この通りはかつてここで開かれていた場外市場で有名です）
>
> B: Wow. I wonder what kind of things they sold.
> （へえ。どんなものが売られていたんですかね）

第3章　ビジネス英語雑談　アウトバウンド編……ビジネスモデル

❷ To a certain degree, yes.
ある程度は、そういうところがありますね。

「100パーセントそうだ、というわけではないが、ある程度はそういうところがある」というニュアンスの表現。似たような意味の表現として、You may have a point.（あなたの言うことにも、一理あるかもしれませんね）があります。

A: Does the pollution in this city have anything to do with the lack of greenery?
（この都市の公害は、その緑の少なさと何か関係がありますか？）

B: To a certain degree, yes.
（ある程度は、そう言えますね）

❸ It has more to do with ...
…により関係しています。

相手の述べたことがやや的外れであって、もっと正しいと思える内容を述べる場合に使います。全面的に否定するわけではないので、相手の感情を害する危険がなく、使いやすい表現だと言えます。

A: Are all of the buildings in this city no taller than three stories because of the threat of tornados?
（この都市の建物がすべて3階建て以下なのは、竜巻の脅威があるからでしょうか？）

B: Actually, it has more to do with keeping the city skyline visible for tourists.
（いや、それよりも、旅行者が町の地平線を見られるようにという配慮のほうが大きいですね）

 ## ネイティブがよく使う「口ぐせフレーズ」

Oh? Why not?
え？ どうしてですか？

日本語では相手の発言の内容に関わらず、ついつい Why? ばかり使ってしまいがちです。Why? と Why not? を使い間違えないように気をつけましょう。ダイアログでは、... don't have this much variety. に対して「なぜそうではないのか？」と聞いているので、Why not? が使われています。

25 ニューヨークの見どころ

大都会ニューヨークに滞在して、観光を楽しもうとしています。お勧めのスポットを現地の人に気軽に聞いてみましょう。有名なところばかりではなく、きっとこだわりのスポットを教えてくれるかもしれません。どんどん質問してみましょう。

A: ①How are you enjoying New York?
B: To tell you the truth, I haven't actually gotten a chance to see much of the city.
A: Oh, that's a shame. There are so many wonderful sights to see and things to do here.
B: What places would you recommend for someone who doesn't have much time to burn?
A: Hmm. I'd say the Statue of Liberty and Madison Square Garden are a must.
B: I'd love to see the Statue of Liberty, but I'm afraid it's just too far away and would take too much time to check out.
A: Good point. Well, if you don't mind spending a few dollars, you should definitely see a show on Broadway, or maybe even an off-Broadway show.
B: That's a good idea. I do like theater.
A: Great! ②Have you had a chance to try some of the local food?
B: I've been to a few restaurants here and there.
A: The best food in New York isn't found in fancy restaurants! You have to try some New York-style pizza. Oh, and visit a traditional New York-style deli.
B: ③What's unique about a New York-style deli?

第3章　ビジネス英語雑談　アウトバウンド編……観光

A: ニューヨーク滞在を満喫していますか？
B: 正直に言うと、まだ実際にニューヨークを見て回る機会がありません。
A: それは残念ですね。ニューヨークには、見るべき素晴らしいものや、するべきことがたくさんありますよ。
B: あまり時間がない人には、どんな場所をお勧めできますか？
A: そうですねえ。自由の女神とマディソン・スクエア・ガーデンは外せないですね。
B: 自由の女神はぜひ見たいところですが、ちょっと遠すぎますし、見物にも時間がかかりそうです。
A: それは一理ありますね。うーん、多少お金を使っても構わないなら、絶対にブロードウェイで観劇すべきです。なんだったら、オフ・ブロードウェイのショーでもいいと思います。
B: それはいいですね。演劇は大好きですよ。
A: それはよかった！ 何か地元の食べ物を食べる機会はありましたか？
B: いろいろな場所のレストランには行ってみましたけど…。
A: ニューヨークの最高の食べ物は、洒落たレストランにはありませんよ！ ニューヨーク・スタイルのピザをぜひ食べてください。そうそう、昔ながらのニューヨーク・スタイルのデリにも行かないとね。
B: ニューヨーク・スタイルのデリって、他とはどう違うんですか？

（**A:** 外国人／**B:** 日本人）

NOTES

- **get a chance to ...**「…する機会を得る」　● **a shame**「残念なこと」→ That's a shame.「それは残念です」という形でよく使います。　● **burn**「（時間を）つぶす」
- **the Statue of Liberty**「自由の女神像」　● **Madison Square Garden**「マディソン・スクエア・ガーデン」　● **off-Broadway**「オフ・ブロードウェイ」→ グリニッジビレッジ周辺にたくさんある小劇場のこと。　● **here and there**「あちこちで」　● **deli**「デリ」→ 持ち帰り専門の惣菜店。

25 ニューヨークの見どころ

 雑談ネタのポイント

　誰にだって「地元愛」はあるものです。ですから、「地元のおすすめ」を聞かれると、誰でも喜んでいろいろ教えてくれるはずです。Do you have local dishes?（土地の名物料理は何かありますか？）や Do you have any suggestions for good shops in the area?（その土地で、お勧めのお店はどこですか？）など、Do you have ...? という質問のパターンを活用して、お勧めを聞いてみるといいでしょう。

　相手を気持ちよくしゃべらせてあげるためには、「あいづち」が大きなポイントになります。Uh-huh.「うんうん」、Sure.「ええ」「なるほど」、Exactly.「まったくそうですね」、Cool.「いいね」、No way.「まさか！」などのフレンドリーなあいづち表現を、うまく挟み込んでみてください。

 話を膨らませるためのポイント

To tell you the truth, ...
正直に言うと…。

　「ぶっちゃけトーク」は、雑談を盛り上げるスパイスとして必要不可欠です。他にも、Just between you and me, ...「ここだけの話ですけど…」や to put it bluntly「ぶっちゃけた話ですが」などのフレーズも、適宜活用してみてください。

 注目したいフレーズ

❶ How are you enjoying ...?
…を満喫していますか？

　How を使わずに Are you enjoying ...? にしても、さほど大きく意味は変わりません。「楽しんでいますか？」「満喫していますか？」と、相手に尋ねるときに使います。会話のきっかけを作るのに、とても便利なフレーズだと思います。

> A: **How are you enjoying** the sunny weather?
> （好天を満喫していますか？）
>
> B: I've actually been getting really bad sunburn.
> （実は、かなりひどく日焼けしてしまっています）

第３章　ビジネス英語雑談　アウトバウンド編……観光

❷ Have you had a chance to try ...?
…する機会はありましたか？

「…を試す機会はありましたか？」のように、名物料理や観光名所を「もう試したかどうか」について聞く際によく使われます。Did you have a chance to try ...? と、よりシンプルな過去形が用いられることもあります。

A: Have you had a chance to try Hong Kong's famous stinky tofu?
（香港名物の臭豆腐は食べてみましたか？）

B: I've been offered it several times, but so far, I haven't had the courage to eat it.
（何回か勧められたんですが、勇気がなくて、まだ食べていません）

❸ What's unique about ...?
…の特別な点はなんですか？

unique は「独特の、他とは違う」。ですから、この What's unique about ...? は「…が他と違う点は、どんなところですか？」という意味になります。What's special about ...? も、似た意味を持つフレーズです。

A: What's unique about the pizza in New York?
（ニューヨークのピザは、他とどう違うんですか？）

B: Well, it's relatively thin, but also big, so you have to fold it when you eat it.
（そうですね、割と薄くって、でもサイズは大きいので、食べるときには２つに折らないといけないんですよ）

 ## ネイティブがよく使う「口ぐせフレーズ」

a must
絶対に外せないもの

本来 must は助動詞ですが、名詞の a must は「絶対に必要なもの・こと」です。文脈によって、This book is a must for editors.（本書は編集者必読です）の「絶対読むべき本」（＝ a must read）など、さまざまな意味になります。

26 ブラジルのお祭りと日本の代表的なお祭り

🔊 **TRACK 32**

ブラジルのお祭りリオデジャネイロのカーニバルは、情熱的なサンバと様々な激しいダンスで世界的に有名です。リオのカーニバルと比較しながら、日本のお祭りがどんなものかを詳しく説明してあげましょう。

A: Festivals here sure are different from those back home in Japan.

B: Really? What are they like in Japan?

A: Usually, they're based around shrines or temples, and have events like *omikoshi* carrying and *dashi* floats. There are often a lot of food stands and people eating and drinking all day.

B: ①That sounds a lot like festivals here. Is there a lot of dancing in Japan, too?

A: No, not so much. There may be some performers dancing, but we don't really dance much. Ah, there's o-bon dancing.

B: Wait, you don't dance? Why not? Dancing is so much fun! And it's the best way to meet a nice man or woman and get to know each other.

A: I suppose it's just not really a big part of our culture.

B: Are Japanese festivals fun if there's no dancing?

A: Brazilian festivals certainly seemed to be high-energy, but Japanese festivals are enjoyable in their own way.

B: Hmm. I guess ②I'll have to take your word for it until I visit for myself.

A: ③I'm sure you'll find something to enjoy about Japanese festivals, too.

B: Okay. Do they serve alcohol at festivals in Japan?

第３章　ビジネス英語雑談　アウトバウンド編……観光

A: この国のお祭りは、自分の母国である日本のものとは、だいぶ違っていますね。

B: そうですか？ 日本のお祭りって、どんなものなんですか？

A: 通常、お祭りは神社やお寺が主体になっていて、お神輿担ぎや山車などの出し物があります。たいてい、食べ物の屋台がたくさん出され、人々は一日中食べたり飲んだりします。

B: この国のお祭りに、かなり似ているようですね。日本のお祭りでは、踊りもたくさん行われるんですか？

A: いいえ、それほど行われません。踊りを披露してくれる人たちもいますが、一般の参加者はそれほど踊るわけではありません。ああ、盆踊りがありましたね。

B: ちょっと待った！ 踊らないんですか？ どうして？ 踊りってすごく楽しいですよ！ 素敵な男性や女性に出会って仲良くなるのに、踊りほどよいものはありませんし。

A: 日本の文化では、踊りが重要な地位を占めていないというだけのことですよ。

B: 日本のお祭りって楽しいんですか？ 踊りもないのに…。

A: ブラジルのお祭りは確かにエネルギッシュで楽しいですけど、日本のお祭りにだって、日本独自の楽しみかたがあるんですよ。

B: ふーん。まあ、自分が日本に行ってこの目で確かめるまでは、あなたの言葉をとりあえず信じるしかないですね。

A: きっと、あなたにも、日本のお祭りの楽しさをわかってもらえるはずです。

B: わかりました。日本のお祭りではお酒は飲めるんですか？

（**A:** 日本人／ **B:** 外国人）

NOTES

● **back home in** 「故郷の…で（は）」　● **based around ...** 「…を中心として、…を基調にして」　● **float** 「（パレードの）台車、山車」　● **food stand** 「屋台」　● **high-energy** 「エネルギッシュな、力強く活動的な」→ 本来は「高エネルギーの」ですが、「活力や活気のある」のようなニュアンスでも使います。　● **enjoyable** 「楽しい、楽しめる」　● **take one's word for it** 「…の言うことを信じる」

26 ブラジルのお祭りと日本の代表的なお祭り

　日本のお祭り文化は、世界的に見ても、やや独特な感じがします。盆踊りのようなものはあるにしても、「踊り」がメインになっているお祭りは、日本にはあまりないのではないでしょうか。ぱっと思いつくものとしては、「阿波踊り」ぐらいでしょうか。日本のお祭りのほとんどでは、お神輿や山車などがあくまでもメインであり、踊りは付随物というイメージがあります。

　日本のお祭りの精神的支柱になっているのは、「八百万の神」に対して感謝をささげることです。最近は、お祭りの宗教的意味合いが薄れつつありますが、お祭りの根源的な部分に関して、神道や仏教などと絡めながら、説明してあげるといいのではないでしょうか。

 話を膨らませるためのポイント

No, not so much.
いいえ、それほどではありません。

「まったくない」わけではないが、「それほどではない」と答えるためのひとこと。相手の感情に配慮し、完全な否定を避けることが、雑談上手への近道となります。

 注目したいフレーズ

❶ That sounds a lot like ...
　…にかなり似ているようですね。

相手の説明してくれている「もの」や「こと」が、他の何かに「かなり似ている」と言いたい場合のひとこと。That sounds pretty much like ... などと言うこともできます。

> A: **This park is usually full of buskers and people looking for a wide open space to play.**
> （この公園には、たくさんの大道芸人や、広い遊び場所を求める人々が、いつもたくさん来ていますよ）
>
> B: **That sounds a lot like Yoyogi Park back in Tokyo.**
> （東京の代々木公園にとてもよく似ていますね）

第3章 ビジネス英語雑談 アウトバウンド編 ……観光

❷ I'll have to take your word for it.
あなたの言葉を一応信じてみます。

p.31 でも紹介した take one's word for it は、「…の言うことを信じる」ということですが、I'll have to を前につけると「一応信じますが、言われたとおりにするかはわかりませんよ」という意味になります。

A: Once you get past the smell, durian is really good.
（臭いさえ克服できれば、ドリアンは本当に美味しいんですよ）

B: Hmm. I think I'll just have to take your word for it.
（うーん。あなたの言葉をとりあえず信じてみるしかないですね）

❸ I'm sure you'll find something to enjoy about ...
きっと…の楽しみを見出せるはずですよ。

something to enjoy about ... は「…に関して、楽しめる何か」ということですが、このように something と about を組み合わせるパターンは、よく使われます。something to brag about なら「自慢したいこと」、something to say about ... なら「…について言いたいこと」という意味になります。

A: I've been having a pretty rough time just getting used to the layout of this city.
（この街のどこに何があるのかにわからなくて、慣れるのにかなり苦労しています）

B: I'm sure you'll find something to enjoy about Sydney once you get a feel for getting around town.
（街の中を移動するコツさえつかめれば、きっとシドニーという街の楽しさをわかってもらえますよ）

 ## ネイティブがよく使う「口ぐせフレーズ」

Wait, ...
ちょっと待った！

「え、なんだって！」と、相手の発言に対して、ちょっとした驚きを示す場合に使う表現です。日本語の「ちょっと待った！」と、ほぼ同じ使われ方をします。

27 イギリス庭園と日本庭園を比較する

◀))TRACK 33

庭園を歩いていると、心が自然と和み落ち着くものです。イギリス庭園を日本庭園と比較しながら話ができると、きっと外国人は興味深くあなたの話を聞いてくれるはずです。日本古来の伝統文化については、興味を持っている外国人は多いので、あらかじめ知識を蓄え、自分なりの考えをまとめておくとよいでしょう。

A: What did you do over the weekend, ①if you don't mind me asking?

B: Not at all. I went to see the flower gardens downtown.

A: Ah, that sounds nice. What did you think?

B: They were very nice, but a little different from the gardens we have back home in Japan.

A: Oh? How are they different?

B: Well, one of the main differences I felt was how different countries choose to relate to nature.

A: Could you elaborate?

B: Right, well, from English gardens, ②I get a sense of trying to control and bend nature to the will of man, while Japanese gardens tend to seek more harmony with nature.

A: Really? ③What was it about English gardens that gave you that idea?

B: It was something about how the pathways were so symmetrical and seemed to cut right through the grass and trees, and the shrubs all seemed almost overly perfect in shape.

A: I see. That's actually pretty insightful.

B: Well, I suppose I just spend too much time walking around gardens. Have you ever seen a traditional Japanese garden?

第3章　ビジネス英語雑談　アウトバウンド編 ……芸術・美意識

A: 週末に何をしていたか、お聞きしてもよろしいですか？

B: ええ。ダウンタウンのフラワーガーデンを見に行きました。

A: ああ、いいですね。どうでしたか？

B: すごくよかったです。でも、私の母国、日本の庭園とは少し違っていました。

A: そうですか？　どんな違いがありますか？

B: そうですね、私が感じた最も大きな違いの1つは、それぞれの国が自然との関わり方をどう選ぶかの違いですね。

A: くわしく説明してもらえませんか？

B: ええ、その、イギリスの庭園からは、自然を支配して人間の思いのままに屈服させようとしている印象を受けます。他方、日本の庭園は、自然との調和を目指す傾向があります。

A: そうですか？　イギリスの庭園のどんなところが、あなたをそう感じさせたのでしょうか？

B: 庭園の小道がきれいな対称構造になっていて、草木をばっさりと切り開いているようでしたし、低木もすべて過剰なまでに完ぺきに形づくられていました。それが、私をそんなふうに感じさせたんだと思います。

A: なるほど。それは確かに鋭い視点ですね。

B: いやいや、私の庭園歩きの度が少し過ぎているようですね。あなたは、日本の伝統的な庭園を見たことはありますか？

（**A:** 外国人／**B:** 日本人）

✎ NOTES

● over the weekend 「週末にかけて、週末に」　● downtown 「ダウンタウンで、市内で」　● relate to ... 「…に関わる」　● elaborate 「詳細に述べる」　● pathway 「小道、経路」　● symmetrical 「均整のとれた、対称構造の」　● overly 「過剰に」　● insightful 「洞察力のある」

27 イギリス庭園と日本庭園を比較する

 雑談ネタのポイント

　イギリス人と庭園の話をすると、結構盛り上がります。彼らは、自国の庭園に誇りを持っていますので、あまり「日本の庭園のほうがいい！」などと主張しすぎないほうがいいでしょう。ケンカになってしまいます。
　日本の庭園について説明するときには、たとえば「枯山水」などの概念について、簡単に英語で話せるようになっておくことが望ましいですね。枯山水について英語で説明するなら、たとえば It is a type of garden which suggests water and mountains by using only stones and sand. The stream of water is symbolized by the raked patterns in the sand.（それは庭園の一種で、石や砂だけを使って水と山を表現しています。水の流れは、熊手によって砂に描かれた模様によって象徴されます）のようになります。

 話を膨らませるためのポイント

Have you ever seen ...?
…を見たことはありますか？

雑談の展開を「…を見たことがありますか？」と聞くことで、相手の返事が Yes なら、感想を聞けばいいですし、No なら、それがどんな場所あるいはものであるかを説明してあげることができます。いずれにしても、うまく話を展開させることができますね。

 注目したいフレーズ

❶ if you don't mind me asking, ...
　もし聞いても構わなければ…

「もし私が聞くことを、あなたが気にしなければ」が直訳。聞くのが若干はばかれると思われるようなことを、思い切って聞く場合に使ってみましょう。

> A: **If you don't mind me asking,** why are you wearing that face mask?
> （どうしてマスクをしているのか、もしよかったら教えてもらえませんか？）

第3章 ビジネス英語雑談 アウトバウンド編 ……芸術・美意識

B: I caught a cold over the weekend, so I'm wearing it so it doesn't spread to others.
（週末に風邪をひいてしまったので、周りの人にうつさないようにマスクをしているんです）

❷ I get a sense of ...
…という感じを受けます。

get a sense of ... は、「なんとなくわかる」「感じられる」というニュアンス。get the idea ... や understand などと比べると、「理解の度合い」は低くなります。

A: What did you think of the National Museum of History?
（国立歴史博物館は、どうでしたか？）

B: It was lovely. I really got a sense of the depth of the country's history.
（素晴らしかったです。この国の歴史の奥深さを感じました）

❸ What was it about ... that ～ ?
…のどんなところが～だったんですか？

「…のどんなところが」を、part などを使わずに、about で表現しているのがポイントです。ネイティブがよく使う、自然な英語表現の１つです。

A: You must do martial arts.
（あなたは、格闘技をやるべきですよ）

B: I do, but what was it about me that made you think that?
（やっています。でも、私のどこを見て、そんなふうに考えたんですか？）

ネイティブがよく使う「口ぐせフレーズ」

Could you elaborate?
くわしく説明してもらえませんか？

elaborate 「練り上げる」「くわしく説明する」という動詞。もう少し長く、Would you elaborate it a little more? などと言うこともできますが、ネイティブが好んで使うのは、シンプルな Could you elaborate? のほうです。

28 イタリアオペラと歌舞伎は似ている？

◀)) TRACK 34

オペラと歌舞伎、どちらも古来の伝統文化で、現代にも生き生きと引き継がれています。この2つの共通点、あらかじめ興味をもって調べておくと、深い話ができます。歌舞伎について教えてあげましょう。

A: Did you know that Florence is the birthplace of opera? If you get a chance, it would certainly be worth your while to see a performance.

B: I would love a chance to experience opera first hand, especially since I'm a bit of a kabuki aficionado. I'm interested to see some of the similarities and differences between the two musical performing arts.

A: Ooh, that does sound like an interesting anthropological adventure. I'm afraid I don't know much about kabuki. Perhaps you could tell me a bit about it, and I can offer a brief introduction to Italian opera in exchange.

B: Sure! ①Kabuki is said to have started in the 17th century and was originally created by a woman named Izumo no Okuni and performed only by women who played both male and female. Soon after its inception, however, female kabuki was banned by the shogunate for being too risqué, and from the mid-17th century on, male and female roles were played by all male casts.

第３章　ビジネス英語雑談　アウトバウンド編……芸術・美意識

A: フィレンツェはオペラ発祥の地だということをご存知でしたか？　機会があったら、オペラの公演を見に行くと絶対にそれだけの価値があると思いますよ。

B: 生でオペラを見る経験は、是非しておきたいですね。特に、私はちょっとした歌舞伎ファンですので。オペラと歌舞伎という、２つの音楽芸能の類似点と相違点を知りたいと思っています。

A: なるほど、それはとても興味深い人類学的試みですね。私は歌舞伎についてはそれほどくわしくありません。歌舞伎について少し私に教えていただければ、お返しに私がイタリアのオペラのことを簡単にご紹介しますよ。

B: いいですとも！　歌舞伎は 17 世紀に始まったと言われており、「出雲阿国」という女性によって原形が作られ、男女両方の役を演じる女性のみによって演じられていました。しかし、歌舞伎は創始後まもなく、わいせつじみているという理由から、幕府によって禁止されます。そして 17 世紀の中頃以降は、男女どちらの役も、すべて男性の役者によって演じられています。

28 イタリアオペラと歌舞伎は似ている？

A: I see. Opera started in Florence, Italy at the turn of the 17th century, and a man named Jacopo Peri is usually credited with being one of the first opera composers. It is performed by both men and women, often in very flashy costumes, and all lines are sung almost always with the accompaniment of an orchestra.

B: Fascinating. Kabuki also uses elaborately designed clothes, characteristic flamboyant makeup and colorful sets. It is performed in a stylized and emphatic way of moving and lines are delivered in a rhythmic way of speaking that is not quite full singing, and is usually accompanied by live music played on traditional instruments.

A: Sounds very unique. In opera, singers' vocal ranges are divided into different classifications depending on the singer's range and gender: from the lowest bass to the highest soprano. Of course, while opera started in Italy, it soon spread to many other European countries, such as France and Germany. Stories in opera can vary greatly from biblical stories to recent political events, and even the supernatural.

B: Kabuki is unique to Japan, and its stories generally fall into three categories: *jidai-mono*, or stories about historical events; *sewa-mono*, stories about everyday life and love; and *shosagoto*, pieces that focus on dancing more than acting.

A: Well, there seems to be more in common between the two than I had originally thought. ②You've certainly piqued my interest. I think I'd like to visit Japan sometime and enjoy a kabuki performance someday.

第3章　ビジネス英語雑談　アウトバウンド編 ……芸術・美意識

A: なるほど。オペラは 17 世紀の変わり目のころのイタリア・フィレンツェが発祥で、ヤコポ・ペーリという男性が最初のオペラ作曲家の 1 人とされています。オペラは男女両方の役者によって演じられます。役者はたいてい派手な衣装を身につけており、すべてのセリフは常にオーケストラの伴奏付きで歌い上げられます。

B: 素晴らしい！ 歌舞伎も、手の込んだデザインの衣装、特徴的な派手な化粧、色彩豊かなセットを用います。歌舞伎の演技には定型化および強調された動きが伴います。セリフはリズミカルな口調で発せられますが、かといって完全に歌っているわけではありません。そして、たいてい伝統的な楽器による生演奏の伴奏が付いています。

A: 非常に独特なんですね。オペラでは、その歌手の出せる声の範囲と性別に応じて、歌手の声域は複数に分類されています。最も低い声域はバスで、最も高い声域はソプラノです。言うまでもなく、イタリアが発祥地であるオペラは、ほどなくフランスやドイツなど、他のヨーロッパ諸国にも広がっていきました。オペラの題材は、聖書の話、昨今の政治動向、超自然現象に至るまで、非常にバラエティに富んでいます。

B: 歌舞伎は日本独自のものですが、歌舞伎の題材は通常、3 つのカテゴリーに分類されます。すなわち、歴史的出来事を題材にした「時代物」、日常生活や恋愛を取り上げた「世話物」、演じることより踊りのほうを重視した「所作事」です。

A: なるほど、初めに思っていたよりも、オペラと歌舞伎には共通する部分が大きいようですね。おかげで、すごく興味が湧きましたよ。いつか日本に行って、歌舞伎の公演を見てみたいです。

28 イタリアオペラと歌舞伎は似ている？

B: You seem to have quite an interest in opera, so as a fellow performing arts enthusiast, I'm willing to bet you'd find kabuki equally entertaining.

A: It does sound like it has its own purely unique flavor. By the way, I have a few acquaintances in the local theater. Perhaps I could procure a ticket or two for you for the upcoming performance of *Il trovatore*.

B: Why, ③I'd greatly appreciate that! I would of course return the favor when you come to Japan. I would love the chance to show you my favorite theater in Kyoto.

第3章　ビジネス英語雑談　アウトバウンド編……芸術・美意識

B: あなたは、オペラにすごく興味をお持ちなんですね。同じ（古典）芸能ファンとして、あなたが絶対に歌舞伎のことも気に入ってくれると確信しています。

A: 歌舞伎には、歌舞伎独自の味わいがあるようですね。ところで、私には、地元の劇場に何人か知り合いがいてですね、もしかしたら、今度やる『イル・トロヴァトーレ』のチケットを何枚か調達できるかもしれません。

B: ええ！　それは本当にありがたいお話です。もちろん、あなたが日本にお越しになった際は恩返しいたします。チャンスがあれば、ぜひ京都にある私のお気に入りの劇場にお連れしたいと思っております。

（**A:** 外国人／**B:** 日本人）

> ✎ NOTES
>
> ● Florence「フィレンツェ」→ 発音は［フローレンス］です。　● birthplace「出生地、発祥の地」　● worth one's while「（時間やお金などを費やすだけの）価値がある」　● first hand「直に、直接」　● similarity「類似点」→ similar「似ている」の名詞形。　● aficionado「ファン、熱愛者」　● performing art「芸能」　● anthropological「人類学の、人類学的な」　● in exchange「お返しに」　● inception「発端、開始」　● ban「…を禁止する」　● shogunate「幕府」　● risqué「わいせつ気味な、きわどい」　● cast「配役」　● at the turn of ...「…の変わり目に」　● credited with ...「…だとされている、…だと思われている」　● composer「作曲家、作曲者」　● flashy「けばけばしい、派手な」　● accompaniment「伴奏」　● fascinating「とても素晴らしい、魅惑的な」　● elaborately「入念に」　● stylized「様式化した」　● vocal range「声域」　● bass「バス」　● soprano「ソプラノ」　● biblical「聖書の、聖書から出た」　● supernatural「神秘的な、超自然的な」　● piece「作品」　● pique one's interest「興味・好奇心をそそる（刺激する）」→ pique one's curiosity も、ほぼ同じ意味の表現です。　● fellow「仲間の」　● enthusiast「ファン、熱中している人」　● acquaintance「知人」　● procure「…を調達する」　● upcoming「近く行われる」　● Il Trovatore「イル・トロヴァトーレ」→ ジュゼッペ・ヴェルディ作曲による、スペインのアルゴン地方を舞台としたオペラ作品。　● return the favor「恩に報いる、お返しする」

28 イタリアオペラと歌舞伎は似ている？

 雑談ネタのポイント

　オペラと歌舞伎の違いについて、かなり高度な話題を展開させてみました。ダイアログの内容は、あくまでも「理想化」されていますから、普通はここまでくわしくしゃべるのは、日本語を使ったとしても難しいでしょう。

　しかし、親日家の外国人の中には、歌舞伎などの伝統芸能について、ものすごくくわしい人も珍しくありません。彼らに負けないためにも、日ごろから、日本の伝統文化や伝統芸能について、知識を深めておくととても役立つと思います。

　それには、日本について書かれた英語の本、いわゆる「ブックス・オン・ジャパン」を読んで勉強することをおススメします。内容はどこかで聞いたことばかりなので、ある程度すらすら読めるはずですから、手軽に英語力を鍛えられます。

 話を膨らませるためのポイント

I'm afraid I don't know much about ...
残念ながら、私はあまり…にくわしくありません。

「私は…にくわしくありません」と切り出し、「だから、あなたが私にいろいろ教えてくださいね」とつなげています。こうすれば、相手が自然に話を続けてくれるはず。「聞き上手」は「雑談上手」なのです。

 注目したいフレーズ

❶ ... is said to have started in ～
　…は～で（に）始まったと言われています。

習慣や文化などの「起源」「由来」について説明する際に使います。to have startedという「完了不定詞」を使うのがポイントです。

　A: Why do the people here all take naps in the afternoon?
　（どうしてこの国の人々は、みんな午後に昼寝をするのですか？）

　B: Well, the tradition is said to have started in the middle ages.
　（ええと、このような伝統は、中世から続いているそうですよ）

第3章　ビジネス英語雑談　アウトバウンド編……芸術・美意識

❷ You've certainly piqued my interest.
おかげで、すごく興味が湧きました。

pique は「興味や好奇心をそそる」という意味の動詞。pique one's interest [curiosity] は、一種の決まり文句的に使われています。それ以外の場合で pique が使われることは、あまりありません。

A: Not many people know this, but this liquor store has a 200-year history.
（あまり知られていないのですが、この酒屋には200年の歴史があるんですよ）

B: Huh. You've certainly piqued my interest. Shall we check it out?
（ほほお。すごく興味が湧きましたよ。入ってみましょうか）

❸ I'd greatly appreciate that!
それは本当にありがたいです！

appreciate は「感謝する」ですね。I'd は I would の略なので、「仮定法」です。仮定法を活かして「もしそうしてくれたら、すごく助かります」という意味を表しています。

A: Would you like me to draw you a map to show you how to get back to your hotel from here?
（ここからホテルまで戻る道順を、地図に描いてあげましょうか？）

B: I'd greatly appreciate that!
（それはすごく助かります！）

 ## ネイティブがよく使う「口ぐせフレーズ」

Sounds very unique.
非常に独特なんですね。

That sounds very unique. の、主語の That が省略されています。とても「ネイティブらしい」フレーズです。Sounds very convenient.「すごく便利そうですね」や Sounds very nice.「すごくいいですね」など、形容詞を入れ替えてどんどん活用してみましょう。

29 シカゴの街並みと東京の街並み

都市によって、区画の分かれ方や、道路の配置の仕方に特徴があるようです。その理由を知ることで、意外な発見があります。歴史を学んでいろいろな方向から知識を蓄え、自分なりに考察しておくと、外国人とも話が弾むでしょう。

A: So how do you like Chicago so far?

B: It's a beautiful city, and it's very easy to get around.

A: Yeah, it's built on a very simple grid, so every eight blocks or so are equal to about one mile.

B: Oh, ①I hadn't realized that that was one of the reasons. It's very different from the layout of Tokyo.

A: Really? ②What's Tokyo like?

B: The streets in Tokyo are laid out like a veritable maze.

A: Really? Why?

B: I'm not sure, but I've heard that in the past, the city was a fortress for the shogun, and it was intentionally designed to keep invaders from getting to the main castle.

A: That makes a lot of sense.

B: But another thing I noticed here is that every street has a name.

A: Yeah. Is that not the case in Japan?

B: No. In Japan, only major streets have names. Though, ③I'm not even sure what constitutes a major street ...

第３章　ビジネス英語雑談　アウトバウンド編 ……芸術・美意識

A: 今日までシカゴに暮らしてみて、どうでしたか？

B: とても美しい街ですね。そして、いろいろ見て回るのがとても楽だと思います。

A: そうですね。シカゴという街は、碁盤の目のような、とてもシンプルなつくりになっています。ですから、大体８ブロックが１マイルの距離に相当します。

B: なるほど、それが理由の１つだったんですね。気がつきませんでした。東京の街の区画とは、ずいぶん異なっていますね。

A: そうですか？ 東京は、どんなところなんでしょうか？

B: 東京の街は、本物の迷路のように配置されています。

A: 本当に？ どうしてでしょうか？

B: よくはわからないのですが、私が聞いた話では、かつて東京は将軍の要塞だったので、侵入者が本丸にたどり着けないよう、意図的に設計されたらしいです。

A: それは大いに納得できますね。

B: でも、この国で気がついたもう１つのことは、すべての通りに名前がついていることですね。

A: ええ。日本は、そうではないのですか？

B: いいえ。日本では、主要な道路のみ、名前がついています。まあ、私の場合、どれが主要な道路なのかすらわからないんですけどね…。

（**A:** 外国人／**B:** 日本人）

📝 NOTES

● get around 「動き回る」　● grid 「格子」　● equal to ... 「…と等しい」　● layout 「設計、配置」　● be laid out 「配置されている」　● veritable 「本物の、まるっきりの」　● maze 「迷路」　● fortress 「要塞」　● intentionally 「意図的に」　● invader 「侵入者、侵略者」　● constitute 「…を構成する、…に相当する」

29 シカゴの街並みと東京の街並み

 雑談ネタのポイント

　シカゴは、京都などと同じく、「格子状の街並み」が特徴です。北京も似たような作りなっていると言われていますね。これに対して、モスクワやパリなどは、「円形の街並み」。東京も、環状線が多数あることから、ある程度は円形であると言ってもいいかもしれませんね。ワシントンDCは、道路が縦横だけでなく、斜めにも走っているという特徴があります。こんなふうに、都市の街並み・街づくりの違いを論じると、よい雑談のネタになると思います。

　東京に関していえば、特に世田谷区あたりは「一方通行が多くて、迷路みたいになっているところがある」なんていう話をすると、結構ウケますよ。ダイアログの中でも veritable maze という表現が使われていますが、外国人はもとより、地方出身の日本人にとっても、東京の街は難解な迷路のようなものになっています。

 話を膨らませるためのポイント

It's very different from ...
…とは、だいぶ異なっていますね。

　ある国と日本の比較をする際に、「だいぶ異なっている」と言いたければ、このシンプルな It's very different from ... を使うといいでしょう。「どちらがよい」などの主観がこもっていない、純粋に客観的な表現です。

 注目したいフレーズ

❶ I hadn't realized that ...
　…とは知りませんでした。

「…だとは知りませんでした」と、驚きや納得の気持ちを素直に表現しています。なお、過去完了形になっているのは、「あなたに教わるまで（until you told me）」という内容が暗に含まれているからです。

> **A: I hadn't realized that so much work is needed to run a farm.**
> （農場の経営って、すごく大変なんですね。知りませんでした）

第 3 章　ビジネス英語雑談　アウトバウンド編 ……芸術・美意識

B: Yeah. Some things you have to try for yourself to truly understand.
（そうなんですよ。自分自身でやってみないと正しく理解できないことって、ありますよね）

❷ What's ... like?
…は、どんなものなんですか？

…の中には好きな名詞表現を入れてください。「…って、どんなものなんですか？」と、相手に説明を求めるときに使える、とても便利な表現です。

A: What's the rainy season in South America like?
（南アメリカの雨季って、どんな感じなんですか？）

B: I suppose it's similar to that anywhere else. It's wet and humid.
（他の地域の雨季と似たようなものではないですかね。雨が多くて、じめじめしていますよ）

❸ I'm not even sure ...
…すら、わかりませんよ。

「…すらまったくわからない」「…かどうかすら自信が持てない」と、自分の自信のなさを表明しています。sure の後には、if 節や what 節などが続きます。

A: Are you sure this is the right restaurant for the company drinking party?
（会社の飲み会の会場は、本当にこのレストランで合っていますか？）

B: To be completely honest, I'm not even sure if the party is going on tonight.
（正直に言いますが、今夜本当に飲み会があるのかすら、わかりません）

 ネイティブがよく使う「口ぐせフレーズ」

Is that not the case in Japan?
日本では、そうではないのですか？

the case は、「事実」「真相」「現実」という意味です。「それは、日本では事実ではないのですか」、つまり「日本ではそうではないのですか？」という意味になります。

143

30 アメリカと日本の交通機関の違い

日本の交通機関は、世界と比較しても、ひじょうに清潔で安全に乗ることができます。また、日本人の几帳面さが交通機関の様々な場面で表れているようです。外国と日本の交通機関を比較してみると意外な発見があって面白いと思います。

A: I noticed you were late to the meeting this morning. <u>Is everything okay?</u>

B: <u>Yes. Well, no.</u> The train I took this morning was 10 minutes late, and it smelled terrible!

A: Ah, yes. ①<u>Late and unclean public transportation is a part of life here.</u>

B: Well, ②<u>I don't care for it much,</u> to be honest.

A: I don't blame you. Is it different in Japan?

B: Yes, very. Trains and buses in Japan are generally very clean and punctual.

A: Huh. That must be nice.

B: Yeah. But they can get pretty crowded during the morning and evening rushes.

A: I'd take a clean, crowded train over an empty, dirty one any day.

B: Though, I admit, we may take the amazing public transportation system for granted. Many people get really upset at the station staff if the train is even two minutes later than usual.

A: Jeez. That must be a lot of pressure for the drivers.

B: It is. And most stations offer slips explaining to what degree trains were running behind schedule so you don't get in trouble at work. ③<u>I wish they had those here.</u>

144

第3章 ビジネス英語雑談 アウトバウンド編……交通機関

A: 今朝は会議に遅刻していたようですけど、大丈夫ですか？

B: 大丈夫です。いや、大丈夫じゃないな。今朝乗った列車は10分遅れた上に、臭いもひどかったんですから！

A: ええ、そうですね。到着が遅れる上に衛生的ではない交通機関は、この国では当たり前になってしまっています。

B: うーん、正直に言ってしまうと、そういうのって好きじゃないんですよね…。

A: 無理もありませんよ。日本では、事情は異なるのですか？

B: ええ、大変異なっています。日本の鉄道やバスは、ほとんどの場合、とても清潔で、時間通りに運行されています。

A: へえ。それはいいでしょうねえ。

B: ええ。でも、朝夕のラッシュ時には、かなり混むことがあります。

A: 私だったら、空いている汚い列車よりも、混んでいてきれいな列車のほうを絶対に選びますけどね。

B: とは言え、公共交通機関の素晴らしさを、当たり前のものだと思ってしまっていることは、認めざるを得ません。列車はたとえ2分遅れただけでも、駅員に対していらだってしまう人がたくさんいます。

A: それはすごい…。それは運転手にはものすごいプレッシャーでしょうね。

B: そうですね。さらに、ほとんどの駅では列車の遅延の程度を説明した紙片を配布していますので、仕事場でトラブルになることはありません。この国にも、そのようなものがあればいいんですけど。

(**A:** 外国人／**B:** 日本人)

NOTES

- smell terrible 「ひどい臭いがする」 ● unclean 「不潔な」 ● care for ... 「…を好む」 ● punctual 「時間を守る」 ● take ... over ~ 「~よりも…を好んで選ぶ」 ● take ... for granted 「…を当然のものと思う」 ● station staff 「駅員」 ● slip 「紙片」 ● behind schedule 「定刻より遅れて」

30 アメリカと日本の交通機関の違い

雑談ネタのポイント

　インドなどを訪れると、当たり前のように数時間レベルで電車が遅れるので、日本の優秀な交通機関に慣れていると、ものすごくイライラしてしまいますね。ただ、ほんの5分程度遅れただけでイライラしてしまうのは、精神衛生上あまりよろしくないようにも思われます。
　日本企業で働いている外国人が、「たった5分遅れただけで、駅員に食って掛かる人がいる上に、遅延証まで発行されるなんて信じられない！」と驚いていました。おそらく、このぐらいの感じが、標準的な「国際感覚」なんだと知っておいたほうがいいかもしれません。

話を膨らませるためのポイント

Yes. Well, no.
ええ、いや、違うかな。

いったん「ええ」と肯定しておいてから、考え直してみると、「やっぱり違うかな」と答えを改めています。雑談の際には、こんなふうに、「YesかNoかを、はっきり決めにくい」質問が問われることもよくありますので、こんな答え方も覚えておくと役に立ちますよ。

注目したいフレーズ

❶ ... is a part of life here.
　…は、この国では生活の一部になっています。

part of life は、「生活の一部として定着している」「日常茶飯事である」「当たり前である」というニュアンス。ちなみに、「切っても切り離せない生活の一部」なら、inextricable part of life のように表現できます。

A: Dealing with the constant threat of crime and violence is a part of life here.
（犯罪や暴力の脅威に常に向き合うということが、この国では日常茶飯事です）

B: Wow. No wonder the people here are so tough.
（なるほど。だから、この国の人たちは、とってもタフなんですね）

第3章 ビジネス英語雑談 アウトバウンド編……交通機関

❷ I don't care for it much.
それは、あまり好きではありません。

「嫌い」を、差しさわりのない、より婉曲的な言い方に変換すると、このように表現できます。ちなみに、I'm not a big fan of ... も、ほぼ似たような意味を持つ表現です。

A: How do you like the eisbein the president brought in for everyone?
（社長がみんなに持ってきてくれたアイスバインの味は、どうですか？）

B: I'm afraid I don't care for it much.
（残念ながら、あまり好みではありません）

❸ I wish they had those here.
この国にも、そのようなものがあればいいのですが。

〈I wish ＋仮定法〉で、「…だったらいいのになあ」という意味になります。「この国にもそういうものがあったらいいのになあ」と、羨む気持ちを正直に表しています。

A: In Osaka, we have convenience stores that are always just a stroll away from wherever you are.
（大阪では、どこにいたとしても、ちょっと歩けば必ずコンビニがありますね）

B: Must be nice. I wish they had those here.
（それはいいでしょうね。この国にも、そんなふうにたくさんのコンビニがあったらいいんですけど）

 ## ネイティブがよく使う「口ぐせフレーズ」

Is everything okay?
大丈夫ですか？

「問題ないですか？」「大丈夫ですか？」と、相手を気遣うひとこと。Are you okay? と言うこともできます。こんな気遣いのフレーズも、どんどん使ってみましょう！

31 航空会社のサービスの質を 比較してみると

🔊 **TRACK 37**

世界を股にかけてビジネスをしている人たちの間では、航空会社のサービスの比較は、鉄板ネタだそうです。互いに共感できる話題ですし、特別な知識も不要なので、気軽にできる雑談だと思います。

A: So how was the flight over?

B: It was really good, actually. I decided to go with XYZ Air Lines.

A: Ah, ①I've heard good things about them. All of my friends say their service is top-notch.

B: It truly is. Their airport lounges are luxurious, their airplane seats were really comfortable and spacious and they offered loads of amenities.

A: ②That sounds lovely.

B: Yes. And their on-board meals are excellent. They served actual steamed fish and salad that had clearly been prepared on the plane instead of heated frozen dinners. It was the complete opposite of the ABC Airways flight I took on my last trip here.

A: Did you have a bad experience?

B: Did I ever. Not only was their customer service the worst, they have tons of hidden fees and cancellation charges, and they were very stingy with food. They offer water in only small cups, and I had to argue with them to give me more water. I have to drink a lot because I get dehydrated on planes very fast, but they were completely uncooperative.

A: Oh my.

第３章　ビジネス英語雑談　アウトバウンド編……交通機関

A: こちらへのフライトはいかがでしたか？
B: 意外に、とてもよかったです。これからは XYZ 航空を使うことにします。
A: ああ、その航空会社は評判がいいですよね。私の友人もみな、XYZ のサービスは一流だと言っていますよ。
B: 本当にそうなんですよ。XYZ の空港ラウンジは豪華ですし、飛行機の座席もすごく快適で広々としていました。アメニティもたくさん用意されていましたよ。
A: それはいいですねえ。
B: ええ。さらに、機内食が素晴らしいんです。冷凍食品を温めたものではなく、実際に蒸した魚と明らかに機内で調理したとわかるサラダが出ました。前回こちらに来たときに利用した ABC 航空とは完全に正反対でしたよ。
A: ABC 航空に関して、何かひどい経験でもされたのですか？
B: 経験したことがあるかですって！ カスタマーサービスは最悪でしたし、いくつもの「追加料金」やキャンセル料がありますし、食べ物もけちくさかったですね。水を小さいコップでしか提供しないんです。だから、もっと水をもらえるよう、彼らと口論しなければなりませんでした。私は飛行機に乗っているとすぐに脱水状態になってしまうので、水をたくさん飲まなければならないのですが、彼らはまったく非協力的でした。
A: それはあんまりですね。

31 航空会社のサービスの質を比較してみると

B: ABC Airways is tightfisted with mileage accrual and flight cancellations. They are asking rates that are 25 to 30 percent higher than XYZ Air Lines, but are still more stingy on the mileage.

A: ③Goodness me. I'll be sure to steer clear of them if I ever need to book a flight.

B: I can't recommend XYZ Air Lines highly enough.

A: I'll check them out for sure. But, I actually have had pretty good experiences with DEF Airlines.

B: Oh? How's their service?

第3章　ビジネス英語雑談　アウトバウンド編……交通機関

B: ABC 航空は、マイレージの付与やキャンセル時の対応が、しみったれているんです。XYZ 航空より 25 〜 30％も高い料金を請求しているのに、マイレージに関しては XYZ よりも出し惜しみをしているのです。

A: おやまあ。飛行機を予約しなければならない場合には、ABC は避けるようにします。

B: XYZ のほうは、お勧めしてもしきれないぐらいです。

A: 絶対利用してみます。でも、私は、実は DEF 航空で、なかなか素晴らしい体験をしたことがあります。

B: へえ、そうですか。DEF のサービスはいかがですか？

（**A:** 外国人／ **B:** 日本人）

NOTES

- **go with ...**「…を選ぶ」→ 鉄道会社や航空会社について、「…の路線を使う」という意味で使うことができます。
- **hear good things about ...**「…によい評判を耳にする」
- **top-notch**「一流の、最高の」
- **luxurious**「豪華な、ぜいたくな」
- **comfortable**「快適な」
- **spacious**「広々とした」
- **loads of ...**「大量の…」
- **amenity**「アメニティグッズ」→ アイマスクやスリッパなどの、サービスで提供される小物類のこと。
- **on-board**「機内の」
- **heated**「温めた」
- **frozen**「冷凍の」
- **opposite**「反対の、逆に」
- **stingy**「けちな」
- **get dehydrated**「脱水症状を起こす」
- **uncooperative**「非協力的な」
- **tightfisted**「けちな」
- **mileage**「マイレージ」
- **accrual**「蓄積、増加」

31 航空会社のサービスの質を比較してみると

 雑談ネタのポイント

　ビジネスパーソン同士の間では、航空会社の比較がよく話題になります。ランキングサイトなどを見てもそのように書いてあるので「なるほど」と思いますが、シンガポール航空のことを高く評価する人が多いですね。ANA や JAL などの日本の航空会社の評判も高いようです。
　ちなみに、オーストラリアのエアラインレイティングス社（airlineratings.com）による、「エアライン・オブ・ザ・イヤー」というランキングでは（2015年のもの）、ニュージーランド航空が1位になっていました。2位はアラブ首長国連邦のエティハド航空、3位は香港のキャセイパシフィック航空、日本の全日空（ANA）が9位にランクインしています。

 話を膨らませるためのポイント

Did I ever.
それはもう。

Do you ...?「…しますか？」と質問されたときに、Do I ever. と応じると「もちろんですよ」「ええ、すごく」と言った意味になります。この Do I ever. の「過去形バージョン」が、Did I ever. です。単に Yes. と答えるだけでは、こちらの「思いの強さ」が十分に伝わらない場合には、この答え方を使ってみましょう！

 注目したいフレーズ

❶ I've heard good things about ...
　…について、よい評判を聞いています。

「…について、よい噂を耳にしていますよ」のようなニュアンス。「人」に対して言う場合は、I've heard a lot about you. だけで、「お噂はかねがね…」、つまり「よい噂を聞いてますよ」という意味にすることができます。

> **A: I've heard good things about** the quality of this city's cafes.
> （この都市のカフェは、質が高いと聞いていますよ）

B: Yes, cafes are very competitive here.
(ええ、この都市では、カフェ同士の競争がすごく激しいからです)

❷ That sounds lovely.
それはいいですね。

lovely は「かわいらしい」「愛らしい」という意味の形容詞ですが、great や good に代わるバリエーションの1つとして使うことができます。ときどき、lovely も会話で使ってみてはいかがでしょうか。

A: Would you care to try some of this coffee made from locally grown beans?
(地元産の豆で作ったコーヒーを、少し飲んでみませんか?)

B: Yes, that sounds lovely.
(ええ、いいですね)

❸ Goodness me.
おやまあ。/なんてこった。

失敗してしまったときや、困惑したときに発する「ひとりごと」のようなものです。My goodness. よりも、少しソフトな響きがあります。ちなみに、Silly me. は「私ってドジだなあ」「嫌だ、私ったら」のようなニュアンスの表現で、Goodness me. に近い使われ方をします。

A: Is this your passport? I found it on the floor in the hallway.
(これは、あなたのパスポートでは?廊下に落ちていましたよ)

B: Goodness me. Thank you so much for returning it.
(なんてこった!届けてくれて本当にありがとうございます)

 ### ネイティブがよく使う「口ぐせフレーズ」

top-notch
一流の、最高の

notch は「刻み目」という意味。かつて、数を記録するのに、棒に刻み目をつけていたそうです。その「一番上」の刻み目のことを top-notch と読んでいたことから、「一流の」という意味になったと言われています。

32 トルココーヒーのカップで占う 私の未来

◀)) TRACK 38

最近は日本でも飲めるお店もあるようですが、トルココーヒーの神秘的な世界について雑談してみましょう。トルココーヒーで、過去や未来について話せば、距離がグッと縮まること間違いなしです。

A: ① Would you care for some Turkish coffee?

B: I'd love some, thank you.

A: Great! Here's your cup. Did you know that you can tell your fortune using Turkish coffee?

B: Wait, what? How do you do that?

A: First, try to drink the coffee from only one side of the cup. Once you're done drinking your coffee, place the saucer on top of the empty cup to let it cool and make a wish. After that, hold the cup up to about chest level and rotate it a few times clockwise.

B: Okay.

A: Sometimes, people place a coin on top of the cup to make it cool faster and to protect against any bad fortunes they may see. When the coffee cup is cool enough, a different person than the person who drank the coffee turns the coffee cup upside down, removes the saucer and reads the patterns in the coffee grounds.

B: Alright.

A: When reading the coffee grounds, think of the coffee cup as being cut in two halves horizontally. The lower half tells you about the past, and the top half divines the future. Shapes that appear on the right side are usually positive, shapes on the left usually represent negative things like illness and problems. If the cup and the saucer are stuck together and are hard to separate, some people believe that this is a sign of good luck for the person who drank it, and the cup should not be read any further.

第3章　ビジネス英語雑談　アウトバウンド編 ……食文化

A: トルココーヒーはいかがですか？

B: いただきます。ありがとうございます。

A: よかった！ こちらのカップをどうぞ。トルココーヒーを使って占いができるって、知ってましたか？

B: え、なんですって？ どうやってやるんですか？

A: まずは、なるべくコーヒーをカップの片側からだけ飲むようにしてください。コーヒーを飲み終えたら、空になったカップの上に受け皿を載せて冷ましながら、願い事をします。その後は、カップを胸の高さぐらいまで持ち上げて、数回時計回りに回します。

B: ふむふむ。

A: 早く冷えるように、そして悪い運勢から身を守るためにと、カップの上にコインを載せることもあります。コーヒーカップが十分冷えたら、コーヒーを飲んだ人とは別の人が、カップをさかさまにした後で、受け皿を外します。それから、その人が、カップに残った粉の作り出す模様を読み取るのです。

B: なるほど。

A: 粉の模様を読み取るときには、コーヒーカップを水平方向に半分に分けて考えます。下半分は過去について教えてくれます。上半分は、未来の予言です。右側にできる図形は主に「よいこと」についての象徴です。左側にできる図形は、病気や困難な事態などといった「悪いこと」を主に表しています。コップと受け皿がくっついていてなかなか離れなかったら、それはコーヒーを飲んだ人にとって幸運の印だとする人もいます。その場合は、そのカップを使った占いは、そこで打ち切るべきだとされています。トルココーヒー占いに関する信仰や伝統は無数に存在し、地域によって異なります。

32 トルココーヒーのカップで占う私の未来

There are many, many other beliefs and traditions of fortune telling with Turkish coffee, ②depending on the region.

B: Wow, that's amazing! I had no idea coffee could be this entertaining!

A: I'm glad you've taken a liking to Turkish coffee. ③Perhaps you can try making it in your own country once you go back. Let me show you how to make it.

第 3 章　ビジネス英語雑談　アウトバウンド編 ……食文化

B: それは驚きです。コーヒーを使って、こんなに楽しめるなんて知らなかったです。
A: トルココーヒーを気に入ってもらえたようでよかったです。日本に戻ったら、あなたもトルココーヒーを淹れてみたらどうでしょう？ 淹れ方を教えてあげますね。

(**A:** 外国人／ **B:** 日本人)

NOTES

- tell one's fortune 「…の運勢を占う」 ● Turkish coffee 「トルココーヒー」
- be done ...ing 「…し終える」 ● make a wish 「願い事をする」 ● chest 「胸」 ● rotate 「…を回転させる」 ● clockwise 「時計回りに」→「反時計回りに」は counterclockwise。 ● protect against ... 「…から守る」 ● bad fortune 「悪運」
- removes 「…を取り除く」 ● saucer 「受け皿」 ● turn ... upside down 「…をひっくり返す」 ● coffee grounds 「コーヒーの出しがら」 ● in two halves 「半分に」
- horizontally 「水平方向に」 ● divine 「…を占う、…予言する」 ● stuck together 「くっついて、くっついてしまって離れない」 ● not ... any further 「これ以上…ない」
- take a liking to ... 「…を好きになる」

32 トルココーヒーのカップで占う私の未来

 雑談ネタのポイント

　トルココーヒーによる占いのやり方を、トルコの人に話してもらったことがありますが、なかなか複雑で覚えられませんでした。本格的にやろうとするとかなりややこしいので、自分で試す場合は、簡易的な形でやったほうがいいでしょうね。
　トルココーヒーは、挽いた豆を水で煮立てて、その「上澄み」を飲むという淹れ方をします。フィルターなどは使わないので、粉がカップに大量に残り、模様が形成されます。その模様を見て占うのですが、ダイアログでは詳しく説明しなかったので、どんな模様があるか、簡単に説明しておきましょう。
　たとえばイスの模様は「珍しい来客がある」、卵の模様は「富と成功」の象徴だそうです。線があった場合、直線は吉兆ですが、曲線は困難を予期させるそうです。星は「投資」や「旅行」を表すとのことです。他にも、いくつもの模様のパターンがあります。

 話を膨らませるためのポイント

I had no idea ...
…なんて知らなかったです。

「…なんて知らなかったです！　勉強になりました！」のようなニュアンスで、感想を伝えるための言い出しパターンです。よりシンプルにするなら、I didn't know ... にしてしまっても構いません。「ちゃんと話を聞いていましたよ」「あなたの話はタメになりましたよ」と、相手にスマートにアピールすることができます。

 注目したいフレーズ

❶ Would you care for ...?
　…はいかがですか？

Would you care for ...? の後には、必ず名詞が来ることに注意しましょう。How about a cup of coffee?（コーヒーはどうですか？）のように、How about ...? を使うことも可能です。

　A: Would you care for a cup of tea?
　（紅茶はいかがですか？）

B: I sure would, thank you.
(いいですね。ありがとうございます)

❷ depending on ...
…によって、…に応じて

「…次第で」「…にもよりますが」などと訳されることもありますが、「条件」などを示す場合に使われます。depending on circumstances「状況によっては」やdepending on one's needs「その人のニーズに応じて」などの決まり文句も、併せて覚えてしまいましょう。

A: What are your plans for the weekend?
(週末はどんな予定ですか？)

B: Well, depending on the weather, I'll either be taking a trip to a national park or sitting in my hotel room all day.
(ええ、天気次第ですが、国立公園まで足を伸ばすか、ホテルの部屋で一日中過ごすかの、どちらかですね)

❸ Perhaps you can try ...
…を試してみたらどうでしょう？

「たぶん、あなたは…を試すことができます」が直訳ですが、実際には「…してみたら？」と、相手にアイデアを持ちかけるために使われます。Maybe you could ... も、「…してみたらどうですか？」という似た意味を持つフレーズです。

A: I've been trying to find a place to buy a new suitcase, since my current one is falling apart.
(スーツケースを新調したいので、店を探しています。今使っているものが、もうボロボロなので)

B: Perhaps you can try the travel shop in the airport.
(空港の旅行者向けの店に行ってみたらどうですか？)

 ネイティブがよく使う「口ぐせフレーズ」

once you're done ...ing
いったん…し終わったら

この〈be done ...ing〉という形は、文法的には本来正しくないのですが、ネイティブが日常的によく使っているフレーズの1つです。〈once you have finished ...ing〉と言い換えることができます。

33 果物と野菜、アメリカと日本との違い

🔊 **TRACK 39** | アメリカの野菜や果物について雑談してみましょう。日本と気候が違うせいで、大きさなどもだいぶ違うようです。比較的軽い話題なので、気軽に雑談してみましょう。

A: Wow! ①I've never seen a cucumber this big! And look at the eggplants!

B: Really? Are they smaller in Japan?

A: Yeah, a lot smaller, actually.

B: You don't say.

A: Yep. And they even cost about the same.

B: Huh. ②That's strange. I wonder if they're a different type, since they're from a different country.

A: Maybe. I'm not sure.

B: Is there any other food that's a different size here than it is in Japan?

A: Most fruits and vegetables I've seen are much bigger here. Maybe our daikon radishes are larger, though I've never actually seen any daikon here.

B: Hmm. Maybe it's because a lot of produce here is genetically modified.

A: ③That might be it.

B: I wonder if the produce in Japan tastes any different, though.

160

第３章　ビジネス英語雑談　アウトバウンド編 ……食文化

A: びっくり！ こんなに大きなキュウリ、はじめて見ましたよ。あのナスもすごい！
B: ほんとですか？ 日本では、キュウリやナスはもっと小さいんですか？
A: そうですよ。実際、もっとずっと小さいですね。
B: えー、本当？
A: そうなんです。それなのに、値段は大体一緒なんですよ。
B: へえ。それはおかしな話ですね。種類が違うのかもしれませんね。だって、作っている国が違うんですから。
A: そうかもしれませんね。わからないですけど。
B: 他にも、この国のものと日本のものとで、サイズが異なる食べ物はありませんか？
A: ほとんどの果物や野菜は、私が見た限りで、この国のほうがずっと大きいです。大根は、もしかしたら日本のほうが大きいかもしれません。こちらでは、大根は見たことはありませんけど。
B: ふーん。もしかしたら、この国の農産物の多くに、遺伝子組み換えが行われているからかもしれません。
A: そうかもしれません。
B: 日本の農産物は味が違うのかなあとは思いますけどね。

（**A:** 日本人／**B:** 外国人）

> **NOTES**
> ● cucumber「キュウリ」　● eggplant「ナス」→ イギリス英語では aubergine を使います。　● radish「ダイコン」　● produce「農産物」　● genetically modified「遺伝子組み換えの」

33 果物と野菜、アメリカと日本との違い

雑談ネタのポイント

　日本の野菜に比べて、欧米の野菜は大きさがだいぶ違うことが多いですね。アメリカと日本の野菜や果物を比較して、特に印象に残ったものをあげてみます。野菜をテーマにした雑談でも、ポイントになると思います。

　まずは「ピーマン」（green pepper）。日本では緑色のピーマンはサイズが小さいですが、アメリカの場合は、黄色・赤・緑、どんな色であっても巨大で肉厚です。

　「すいか」（watermelon）も、だいぶ違いますね。楕円形で巨大なのがアメリカのスイカです。甘味や旨味は、日本のもののほうが強いと思います。

　「にんじん」（carrot）も、大きく違います。アメリカのにんじんは、大変細くて長い上に、大変固いのです。にんじんが成長しきる前に収穫した、甘くて小さい「ベイビーキャロット（baby carrot）」は、お弁当などでよく使われています。

話を膨らませるためのポイント

Maybe. I'm not sure.
そうかもしれませんね。違うかもしれませんが。

　自信がないときは、素直に自信の無さそうな感じで答えておくのが、「安全」です。「保険」として、I'm not sure. をつけておけば、後で間違いだと判明したときにも、決して責められることはありませんよね。

注目したいフレーズ

❶ I've never seen ...!
　…は見たことはありませんよ！

「驚き」や「感嘆」の気持ちを込めて、「これほどの…は、これまでに見たことがありませんよ！」と感想を述べるときのフレーズです。I've never seen anything like it. なら、「こんな（素晴らしい）ものは、見たことがありませんよ」という意味になります。

　A: Oh, look! It's the royal family's motorcade.
　（あ、見てください！ 王族の自動車のパレードですよ）

B: Wow! I've never seen them so close up!
（すごい！ こんなに近くで見るのは初めてですよ）

❷ That's strange.
それはおかしいですね。

ひとりごとに近い感じで、「(それは)おかしいなあ」と述べるフレーズ。主語が「人」ではなく「もの」になっているため、相手を責めるようなニュアンスを減らせます。

A: That's strange. I could've sworn that this was where José said to meet him.
（それはおかしいです。ホセは、ここで待ち合わせようって、確かに言いましたよ）

B: Sorry, but José hasn't been here all day.
（すみません。でも、今日は一度もホセを見かけていないですよ）

❸ That might be it.
そうかもしれません。

That's it!「そう、それだ！」という、おなじみのフレーズのトーンを弱くしたのが、この That might be it. です。「それだ！」と断言するのでなく、「そうかもね」ぐらいのニュアンスになっています。

A: Do you think the cause of all of the blackouts might be the humidity?
（停電が連発しているのは、湿気のせいかもしれないと思いますか？）

B: You know, that might be it.
（うーん、そうかもしれませんよね）

 ネイティブがよく使う「口ぐせフレーズ」

..., though.
…ですけどね。

文章の最後に though を付け加えることで、「まあ、…なんですけどね」のように、文末を少し濁すような響きになります。直前に自分が言ったことに対する「補足」をするような感じで使います。

34 ビンテージワインはあるのに ビンテージ日本酒がない、そのわけは?

◀)) TRACK 40

ワインを飲みながら同僚が楽しく話しています。話題はビンテージワインから日本酒の話に。実はビンテージの日本酒というものは存在しませんが、その理由を説明してあげましょう。軽めの話題でも、しっかりと雑談ネタを仕込んでおくと、相手は興味深くあなたの話に耳を傾けてくれますよ。

A: Care for a glass of vintage 1968 Port wine?

B: ①I'd love one. But just a small amount, please. I'm a bit of a light-weight. I've never tried a vintage Port before.

A: Well, to be honest, vintage just refers to wine made from grapes that were all, or mostly, harvested in the same year, and may not even really have anything to do with the quality.

B: Is that what it means? I just assumed it meant high quality.

A: Not really. I mean, I'm sure many vintage wines are of high quality, but that would likely have more to do with the vineyard than what year the grapes were picked. ②At least, that's my opinion. Is it the same with sake in Japan?

B: Actually, there's no such thing as vintage sake.

A: Really? Why is that?

B: Well, unlike wine made from grapes, rice wine doesn't age well.

A: I suppose that makes sense, once you think about it.

B: Sake is meant to be consumed soon after purchase. If kept cold and dark, it will last six months to a year without any degradation in flavor.

A: Interesting. I guess I should throw out that bottle I got from a friend 10 years ago that I was saving for a special occasion.

B: ③It might be wise not to take any chances.

第3章　ビジネス英語雑談　アウトバウンド編……食文化

A: 1968年物のビンテージポートワインを1杯いかがですか？

B: いただきます。でも、少しで大丈夫です。あまりお酒は強くないので。ビンテージポートワインを飲むのは、はじめてですよ。

A: 実は、正直なところ、「ビンテージ」というのは単に同じ年、あるいはほぼ同じ年に収穫したブドウから作られたワインというだけのことなのです。だから、ワインの質には、ほとんど何も関係ない場合もあります。

B: ビンテージって、そういう意味だったんですか？　質が高いという意味だと思っていました。

A: そうでもないんですよ。いや、もちろん、ビンテージワインの多くが質の高いワインなんでしょうけど、質の高さっていうのは、ブドウの収穫年よりも、ブドウ園に関係してくるものではないかと。少なくとも、私はそう思いますね。日本のお酒も、同じようなものですか？

B: 実は、「ビンテージの日本酒」というものは存在しないですよ。

A: 本当ですか？　それはどうしてですか？

B: そのですね、ブドウから作られるワインとは違って、コメのワインである日本酒はうまく熟成されないんです。

A: 考えてみれば、たしかにそれは道理に合うかもしれませんね。

B: 日本酒は、買ったらすぐに飲んでもらうように作られています。冷暗所に保管しておけば、6か月から1年ほどは風味を劣化させずに保てますが。

A: なるほど。どうやら、友達から10年前にもらって、特別な機会のためにとっておいた日本酒のボトルは、捨ててしまったほうがいいですね。

B: 大事を取ったほうが、賢明な判断と言えるでしょうね。

34 ビンテージワインはあるのにビンテージ日本酒がない、そのわけは？

A: Rats. Oh well. I suppose I can make do with this Port for the moment. How do you like it?

B: It's wonderful. It's a bit dry, but it has such a fruity bouquet.

A: It is nice, isn't it? This is actually from a vineyard just right up the way there.

B: Really? Wow. It must be wonderful living so close to a place that makes such delicious wine. It's just over there, you say?

第 3 章　ビジネス英語雑談　アウトバウンド編 …… 食文化

A: なんてこった。まあ、しかたないですね。とりあえずは、このポートワインでよしとしましょう。味はどうですか？
B: 素晴らしいですね。ちょっと辛口ですが、とてもフルーティーな芳香があります。
A: 美味しいでしょ？　実は、このワインは、その先を行ったところにあるブドウ園で作ったものなんですよ。
B: 本当に？　すごい！　こんなに美味しいワインを作る農園のすぐそばに住んでいるなんて、素晴らしいですね。すぐそこだって言いましたよね？

（**A:** 外国人／**B:** 日本人）

✎ NOTES

● lightweight 「下戸」→「つまらない人」という意味もあります。もともとは、ボクシングの「ライト級」という意味です。　● refer to ... 「…に言及する」　● be made from ... 「…から作られる」　● harvest 「…を収穫する」　● assume 「…だと思い込む」　● pick 「…を摘み取る」　● at least 「少なくとも」　● age 「熟成する」　● purchase 「買うこと」→「…を購入する」という動詞用法もありますが、ここでは名詞になっています。
　● degradation in flavor 「風味の低下」　● throw ... out 「…を捨てる」　● save 「…を取っておく」　● special occasion 「特別な機会」　● take a chance 「一か八かやってみる」→ ここでは、「『もしかしたら熟成されて美味しくなっているかも』などと考えて、その日本酒を飲んでみる」ということ。　● rats 「まさか」「そんな」→ 落胆したことを示す間投詞です。
　● dry 「辛口の」→ 反意語は sweet「甘口の」ですね。　● fruity bouquet 「フルーティーな芳香」　● vineyard 「ブドウ園」

34 ビンテージワインはあるのにビンテージ日本酒がない、そのわけは？

 雑談ネタのポイント

　ワインと日本酒の比較ネタは、フランス人などに対しては鉄板のネタだと思います。日本酒自体、rice wine もしくはそのまま"sake"という名称で、海外でもすっかり一般的になりつつあります。

　アメリカでは、熱燗などではなく、常温や冷やで飲むのが多いようです。あまり、家で飲まれることはありません。学生や若い人などは、sake bomb という、ちょっと変わった飲み方をする場合があります。ビールの入ったジョッキの上に割り箸を置いて、その上に日本酒が入ったショットグラス（やお猪口）を不安定な状態でセットします。そして、掛け声とともに、テーブルをたたいて、お酒を容器ごとビールの中に落下させます。あまり品のいい飲み方ではないように思いますが、パーティなどでは、盛り上がるようですね。

 話を膨らませるためのポイント

Is that what it means?
それって、そういう意味なんですか？

「へえ、それって、そういう意味だったんですか。知らなかったです」のようなニュアンス。こういう「聞き返し」「相づち」的な質問を挟むと、会話のやり取りが活性化していきますよね。Is that what it は、一息に［イザッワリ］のように読むと、自然な発音になります。

 注目したいフレーズ

❶ I'd love one.
1ついただきます。

I'd love one. は、勧められたものに対して、「1ついただきます」と応じるためのフレーズ。なお、「おひとついかがですか？」と聞きたい場合は、Would you like one? と、こちらも one を使って表現します。

　A: Care for a freshly picked plum from my very own garden?
　（うちの庭で作った、採れたてのプラムはいかがですか？）
　B: They look delicious. I'd love one.
　（おいしそうですね。1ついただきます）

❷ At least, that's my opinion.

少なくとも、それが私の意見です。

「少なくとも、私はそう思いますけどね」のように、反論を覚悟で、自分の意見を表明するときなどに使います。「異論はあるかもしれませんが…」「私だけなのかもしれませんが…」のようなニュアンスがあります。

A: People in this city seem to be pretty cold toward strangers. At least, that's my opinion.
（この年の人たちは、よそ者にとても冷たいように感じられます。少なくとも、私はそう思いますね）

B: I think that can be said of any major city these days.
（最近、大都市だったら、どこでもそんなもんじゃないですか？）

❸ It might be wise not to ...

…しないほうが賢明かもしれません。

「…しないほうがいいですよ」というアドバイスを、やんわりと伝えるための表現です。語順を少しだけ変えて、下のダイアログのように It might not be wise to ... とすると、「…するのは賢くないかもしれません」となりますが、こちらも実質的には「…しないほうがいいですよ」というアドバイスになります。

A: I can't wait to go check out the bar scene downtown tonight.
（今夜は繁華街に行って、飲み屋街を見てくるつもりです。楽しみだなあ）

B: It might be wise not to go there alone, if this is your first time going.
（もし、初めて行くのであれば、一人で行くのはやめたほうがいいかもしれませんよ）

 ## ネイティブがよく使う「口ぐせフレーズ」

Rats.

なんてこった。

「くそっ！」「そんなばかな！」などのように、悔しさや憤りを表す間投詞のようなものですが、Shit! などに比べるとだいぶソフトなので、ある意味、使いやすいと言えます。rat はもちろん「（ドブ）ネズミ」のことですが、rat には「卑劣なやつ」なんていう意味もあります。

35 ロンドンの寿司レストラン

海外に滞在していると、どうしても食べたくなってくるのが日本食。でも実際に日本料理店で食べてみると、日本のものとは、まったく違ったものに出会うこともしばしばです。外国人に本当の寿司をきちんと教えてあげましょう。

TRACK 41

A: Hey, have you tried any of the Japanese food here in London?

B: I have, actually. I went to a sushi restaurant about a week ago.

A: Oh, how was it? ① How does it compare to sushi restaurants in Japan?

B: ② Not well, I'm afraid.

A: Aw, that's too bad. How was it different?

B: Well, the atmosphere was nice, and the service was good, but the actual sushi was dry and a little short on flavor.

A: Do they offer the same kind of food as sushi places in Japan?

B: No. The fish they served there were mostly slightly different breeds than what we have in Japan. Also, there was a lot of artisan sushi and sushi that didn't have any fish in it at all ③, which was a bit surprising.

A: Oh, so they don't have things like cucumber rolls or California rolls in Japan?

B: Not usually, no.

A: So, what are some popular types of sushi in Japan?

B: There are a lot, actually. For example...

第3章　ビジネス英語雑談　アウトバウンド編……食文化

A: そうだ、ロンドンの日本料理を何か食べてみましたか？
B: ええ、食べましたよ。1週間ぐらい前に、お寿司屋さんに行きました。
A: へえ、いかがでしたか？ 日本のお寿司屋さんと比べて、どうですか？
B: 残念ながら、あまり美味しくなかったですね。
A: それはお気の毒に。どんな違いがありましたか？
B: うーん、雰囲気はよかったんです。サービスも。でも、肝心の寿司はパサパサで、旨味も少し足りない感じでした。
A: その店では、日本のお寿司屋さんと同じ種類の食べ物を出しているんですか？
B: いいえ。その店で出している魚のほとんどが、日本の魚とは少し違った種類のものでした。また、手の込んだ寿司や、まったく魚が入っていない寿司などもありましたので、ちょっと驚いてしまいました。
A: え、それでは、日本には「キューカンバー・ロール」や「カリフォルニア巻き」はないんですか？
B: 普通はありませんねえ。
A: それでは、日本ではどのような種類の寿司が人気なんですか？
B: 実際、たくさんありますよ。たとえば…。

（**A:** 外国人／**B:** 日本人）

NOTES

- compare A to B 「AをBに例える、AをBと比べる」　● atmosphere 「雰囲気」
- short on ... 「…が不足して」　● breed 「種類、品種」　● artisan 「職人が手作りした」
→ ここでは「職人が創意工夫を凝らした」というニュアンスを表しています。　● cucumber roll 「キューカンバー・ロール」→「かっぱ巻き」とは全然違う食べ物です。薄く切ったキュウリをごはんの周りに海苔のように巻いたものです。　● California roll 「カリフォルニア巻き」
→ アメリカ独特の巻きずしで、カニカマやアボカドなどが入っています。

35 ロンドンの寿司レストラン

 雑談ネタのポイント

　アメリカ人を日本のお寿司屋さんに連れて行くと、「カリフォルニア・ロール」を食べたがることがあります。回転寿司には、たまに置いてありますが、「回っていない寿司屋」には、まず置いていませんよね。
　多くのアメリカ人が好むのは「巻き寿司」ですが、日本の寿司のように海苔が外側にくるのではなく、海苔を内側にして、寿司飯を外側に巻いています。
　アメリカなどでは海藻は雑草としか考えられていないので、海苔をダイレクトに食べるのに抵抗を覚える人が多い、というのがどうやらそのような巻き方の理由らしいのですが、そこまでして海苔を使わなくてもいいのではないかと思ってしまいますね。

 話を膨らませるためのポイント

Not usually, no.
普通はありませんね。

相手の発言を100%否定してしまうと、それで会話が止まってしまうことがあります。完全には否定せず、柔らかい言い方を用いたほうが、角が立ちません。そういう理由から、No. という全否定ではなく、Not usually ... という部分否定になっています。

 注目したいフレーズ

❶ How does it compare to ...?
　それは…と比べて、どうですか？

「どのように比較できますか？」「比較するとどうなんですか？」ということですが、要するに「どのような違いがありますか？」（≒ What are some differences between ...?）と聞いているので、この質問に答えるときは「違い」を教えてあげるのがいいでしょう。

　A: This guitar was made at a small factory in Vietnam.
　（このギターは、ベトナムにある小さな工場で作られたものです）

第3章 ビジネス英語雑談 アウトバウンド編……食文化

B: How does it compare to guitars from other major companies?
（他の主要なメーカーのギターと比べて、どんな感じですか？）

❷ Not well, I'm afraid.
残念ながら、あまりよくなかったです。

I'm afraid は、文頭だけでなく、このように文末の位置でも使うことができます。また、文末の …, I'm afraid. の前には、フルセンテンスだけでなく、短い単語やフレーズを置くこともあります。

A: How did your trip to the city office go last week?
（先週、市庁舎に行かれたんですよね。どうでした？）

B: Not well, I'm afraid. It took forever.
（残念ながら、よくなかったです。そこに行くのに、あまりにも時間がかかりすぎます）

❸ ..., which was a bit surprising.
それにはちょっと驚いてしまいました。

「驚いた」「意外だった」という気持ちをちょっとつけ加えたいなら、このような言い方を用いるといいでしょう。「…なんですけど、それがちょっと嫌でしたね」なら、…, which was a bit annoying. となります。

A: I tried to visit the royal gardens yesterday, but it was closed to the public, which was a bit surprising.
（王立庭園に昨日行ってみたのですが、一般公開していませんでした。それにはちょっと驚いてしまいました）

B: Oh, right. That's probably due to the protests that have been going on recently.
（ああ、そうですか。たぶん、最近行われている抗議運動のせいでしょう）

 ネイティブがよく使う「口ぐせフレーズ」

Aw, that's too bad.
それはお気の毒に。

「それはかわいそうに」「お気の毒に」と、同情していることを相手に伝えるための一言。aw は［オー］という発音で（おなじみの oh は［オウ］という発音です）、失望・同情・不快感・疑念など、様々な感情を表す間投詞です。

36 世界の中華料理

海外に行くと様々な国で中華料理が食べられますが、日本で食べている中華料理とはまた違ったものに出会えます。世界中で食べられる中華料理の比較などしてみるのも雑談ネタとして面白いでしょう。

A: You don't look so good. Is everything okay?

B: I'm fine. My stomach is just acting up a bit. ①I think it may have been the Chinese food I had for lunch.

A: Ah, yes. ②Unfortunately, that's one of the hazards of trying some of the cheaper Chinese food downtown.

B: Really? I wish someone had told me that beforehand. It was completely different from Chinese food in Japan.

A: Oh? What's Chinese food like in Japan?

B: ③It's not nearly as greasy and overcooked as the food I had for lunch. Also, the portions are a bit smaller, though it's meant to be shared with other people, and there is a bit more seafood available.

A: Interesting. I've actually heard that Chinese food here in America is drastically different from how it is in China, too.

B: That doesn't surprise me. I've actually heard it's different from the Chinese food we have in Japan, too.

A: Hmm. You don't say. I guess foreign food in most countries is tailored to the tastes of that country.

B: I suppose that makes sense.

A: Yeah, and you can tell a lot about a country based on its cuisine.

B: That's true, too. Now that you mention it, do Americans not share Chinese food around the table?

第3章　ビジネス英語雑談　アウトバウンド編……食文化

A: 体調があまりよくなさそうですが、大丈夫ですか?

B: 大丈夫です。ちょっと胃の調子が悪くて…。お昼に食べた中華料理のせいかもしれません。

A: ああ、そうですね。残念なことに、繁華街の安い中華料理屋を食べると、店によっては、そういう危険があるんですよね。

B: 本当ですか? 誰かが前もって教えてくれればよかったのに…。日本の中華料理とは、まったく異なっていましたよ。

A: そうですか? 日本の中華料理って、どんな感じなんですか?

B: 私が昼ごはんに食べたような、油でギトギトで火の通しすぎの食べ物とは全然違います。分量はアメリカより少なめです。みんなで分け合って食べることを想定しているのに…。あと、もう少し魚介料理が多いですね。

A: 興味深いですね。実際、アメリカの中華料理は、中国のものとはかなり異なっていると聞いたことがあります。

B: そうでしょうね。実は、中国の中華料理は、日本の中華料理とは異なっていると聞いたことがあります。

A: へえ、本当ですか? ほとんどの国では、外国料理が、その国の嗜好に合わせてアレンジされているようですね。

B: なるほど。

A: ええ。そして、その国の料理から、その国のことがいろいろわかりますよね。

B: それもその通りだと思います。そういえば、アメリカの人たちは、同じ卓の人同士で、中華料理を分け合って食べたりはしないのですか?

（**A:** 外国人／ **B:** 日本人）

✏ NOTES

● stomach「胃」 ● act up「調子が悪い、痛む」 ● hazard「危険」 ● beforehand「前もって」→ in advance とほぼ同じ意味です。 ● greasy「脂っこい」 ● overcooked「調理しすぎた」 ● portion「1人前、1盛り」 ● drastically「強烈に」 ● tailor A to B「AとBに合わせる」→「服を仕立てる」という意味もあります。 ● cuisine「料理（法）」

175

36 世界の中華料理

 雑談ネタのポイント

　食べ物のネタは「鉄板」だと前に申しあげましたが、中華料理の話は特によく出てくるように思います。日本では、中華街などもあることから、どちらかというと「高級料理」というイメージがつきまといますが、アメリカなどでは、ファーストフード的な位置づけになっているようです。

　もちろん、アメリカにも高級中華はありますが、アメリカ人にとっての中華料理と言えば、白飯や炒飯の上におかずが乗っかった、テイクアウト用の「お弁当」のイメージが強いのです。ですから、アメリカ人を中華料理に誘うと、「え？」という顔をされることがあります。そんなときには、きちんと「日本では高級料理なんだよ」と教えてあげたほうがいいと思います。

 話を膨らませるためのポイント

I wish someone had told me that beforehand.
誰かが前もって教えてくれればよかったのに。

このような「独り言」的なフレーズも、タイミングよく織り交ぜていくと、会話の「テンポ」が非常によくなります。他にも I'm completely worn out.「クタクタになっちゃった」などの、「疲れたなあ」という独り言もよく耳にします。

 注目したいフレーズ

❶ I think it may have been ...
　…のせいかもしれません。

「…のせいだったのかもしれないです」と、理由についての憶測を述べるためのフレーズ。「…のせいだったに違いない」と言いたければ、it must have been ... というパターンを用いれば OK です。

> **A: It's a shame they cancelled the office party due to the weather last Friday.**
> （先週金曜日の会社のパーティは、天気のせいで中止になっちゃいましたね。残念です）
>
> **B: Actually, I think it may have been due to the lack of a budget.**
> （実際は、予算がないからだったんじゃないかと私は思っています）

176

第3章 ビジネス英語雑談 アウトバウンド編……食文化

❷ Unfortunately, ...
残念なことに…

「残念だと思っている」ということを1語で示すのが、この unfortunately という副詞です。regrettably も似た意味の副詞なので、ついでに覚えてしまいましょう！

A: **Unfortunately,** I haven't been able to find a copy of the book I've been looking for.
（ずっと探している本があるのですが、残念ながらまだ見つかっていません）

B: If you tell me the name of it, I might be able to help you find it.
（タイトルを教えてくれたら、探すのを手伝えるかもしれません）

❸ It's not nearly as ... as 〜
…の点では、〜とは比べ物になりません。

2つのものを比較して、「比べ物にならないぐらいの差がある」と言いたい場合に使います。not nearly で「とうてい…でない」「まったく…でない」という意味を表します。

A: How does life here in the country compare to living in the big city?
（ここでの暮らしは、大都市での暮らしと比べると、どうですか？）

B: Well, **it's not nearly as** convenient **as** the city, but it's definitely easier on the soul.
（便利さという点では都市とは比べ物になりませんが、心は安らぎますよ）

 ## ネイティブがよく使う「口ぐせフレーズ」

You can tell a lot about a country based on its cuisine.
その国の料理から、その国のことがいろいろわかります。

この You can tell ... の you は「あなた（がた）」ではなく、特定の人を指さない用法です（「総称用法」と呼ばれます）。一般論を述べる際に使います。他にも、You can tell a lot about a person by their shoes. なら、「靴を見れば、その人のことがいろいろわかります」という意味になります。

37 オフィスで誕生日を祝われる!?

日本ではあまり考えられないですが、パーティやお祝い事が好きな欧米では、会社のオフィスで誕生日を祝うこともあるそうです。そんな場面に遭遇しても決して驚かず、その場を純粋に楽しむことが重要です。

A: I heard it was your birthday last week. Happy birthday!
B: It was indeed. And thank you.
A: ①Did you do anything special to celebrate?
B: Well, they threw me a bit of a surprise party at the office I've been visiting while I'm here.
A: Oh really? How was it?
B: It was ... surprising. ②We don't really have surprise parties in Japan, so I was a little ③caught off guard.
A: Sorry to hear that.
B: No, I know everyone meant well. I just wasn't expecting to walk into a dark meeting room only to have the lights suddenly come on and have everyone shout "happy birthday" with cake and food prepared. I was so surprised, I tripped and fell, and hurt my knee.
A: Wow. How do you usually celebrate birthdays at work in Japan, then?
B: I would say they're a bit more of a somber affair, and may go unnoticed by anyone altogether. Sometimes our seniors and juniors may take us out for a drinking party to celebrate after work.
A: I see. Drinking is always a great way to celebrate, too!
B: Yeah. It also tends to be easier on the knees.

第3章 ビジネス英語雑談 アウトバウンド編……文化・習慣

A: 先週は誕生日だったんですってね。おめでとうございます！
B: ええ、そうなんです。ありがとうございます。
A: お祝いのために、何か特別なことはしなかったんですか？
B: ええと、こちらに滞在中にお世話になっている会社で、みんながちょっとしたサプライズパーティを開いてくれましたよ。
A: そうなんですか？ どうでした？
B: その…驚いてしまいました。日本では、あんまりサプライズパーティなんてやりませんので、少し不意を突かれてしまった感じです。
A: それはお気の毒に。
B: いや、悪気なんてなかったというのは、わかってるんです。ただ、予想外だったんです。真っ暗な会議室に入って行ったら、いきなり電気がついて、みんなが「ハッピー・バースデイ」と叫び、ケーキや食べ物が用意されていて…。すっかり驚いてしまって、つまづいて転び、ひざを怪我しちゃいました。
A: それはそれは…。じゃあ、日本の職場では、たいていどんなふうに誕生日を祝うんですか？
B: 日本の誕生日は、もう少し厳粛な行事であって、誰にも気づかれないまま終わってしまうこともあります。ときには、上司や後輩が、仕事の後、お祝いの飲み会に連れて行ってくれることもありますね。
A: なるほど。飲みに行くというのは、絶対に素晴らしいお祝いになりますね！
B: ええ。ひざにも優しいですしね！

（A: 外国人／B: 日本人）

NOTES

● celebrate 「祝う」 ● throw 「（パーティ）を開く」 ● a surprise party 「サプライズパーティ」 ● be caught off guard 「不意を突かれる」→ off guard は「油断している」というニュアンスです。 ● mean well 「よかれと思ってする」 ● come on 「スイッチがつく」 ● trip 「つまづく」 ● fall 「転ぶ」 ● somber 「まじめな、暗い」 ● go unnoticed 「気づかれないまま終わる」

37 オフィスで誕生日を祝われる!?

雑談ネタのポイント

　オフィスで誕生日のパーティをやってもらうなんていう状況は、日本の国内企業では、まず考えられないと思います。そもそも、「隣の机の人の誕生日なんて知らない」というのが、一般的ではないでしょうか。日本の誕生日は、家族や恋人と祝うもので、同僚が祝うというのには違和感を禁じ得ません。
　ところが、海外の場合、比較的よくある話です。職場の同僚の誕生日には、みんなでカンパして、花束やチョコレートなどを送ったりします。
　ちなみに、フランスの場合、誕生日を迎えた当人がみんなに何かを振る舞うことが多いそうですよ。シャンパンなどを買っていって、みんなに飲ませてあげるんだそうです。この習慣などは、あまり日本人にはなじみがないかと思われます。

話を膨らませるためのポイント

I would say ...
…だろうと思います。

「私の意見は…です」「私に言わせれば…」のようなニュアンスの表現で、断定することを避けるために用います。雑談では、思いつくままにしゃべることが多いですから、断定してしまうのは無理があると思われることを言いたければ、この I would say を文の頭に付けたほうがいいかもしれません。

注目したいフレーズ

❶ Did you do anything special ...?
　何か特別なことをしましたか？

ダイアログ中では、anything special to celebrate のように、to 不定詞が組み合わさった形になっています。しかし、以下のように、to 不定詞がないパターンもよく使われますので、確実に押さえておきましょう。

　A: Did you do anything special this month?
　（今月は、何か変わったことをしましたか？）

第３章　ビジネス英語雑談　アウトバウンド編 ……文化・習慣

B: I went to a local county fair. It was surprisingly fun.
（地元のカウンティフェアに行きました。すごく楽しかったです）
　＊county fair とは、農業や畜産業の品評会。お祭り的な意味合いが強く、ゲームなどの出し物がたくさん出ます。

❷ We don't really have ... in Japan.

日本にはあまり…はありません。

アウトバウンド雑談では、「その国ならでは」のものについての会話になることがよくあります。そんなときは、すかさずこのフレーズを使ってみましょう。

A: What are dance parties like in Japan?
（日本のダンスパーティって、どんな感じなんですか？）

B: We don't really have dance parties in Japan.
（日本には、ダンスパーティのようなものは、あまりありません）

❸ caught off guard

不意を突かれて

be caught off guard で、「不意を突かれる」という意味になります。guard は「防御している状態」ですから、off guard は「防御していないとき」ということですね。以下の例のように、「よいこと」についても用いることが可能です。

A: I was caught off guard by how kind and giving everyone is here.
（ここにいる人たちがみな親切で寛大なことに、驚いてしまいました）

B: Yes. This is a small town, so everyone here is like family.
（ええ。小さな町ですから、みんな家族みたいなものですよ）

 ネイティブがよく使う「口ぐせフレーズ」

Sorry to hear that.

それはお気の毒に。

I'm sorry to hear that. の、I'm が省略された形です。このように、I'm を省略してしまうことが、カジュアルな会話ではよくあるので注意が必要です。That's a shame. と、ほぼ似たようなニュアンスです。ちなみに、「それはよかったですね」なら、Glad to hear that. のようになります。

38 日本と外国、マナーの違い

TRACK 44

ちょっとしたマナーでも、日本と外国とでは違いがあります。その国でのマナーをしっかり覚えておかないと、恥ずかしい思いをすることもあります。そんなときは、現地の外国人にさりげなく尋ねてみるのもよいでしょう。

A: Achoo!

B: Bless you.

A: Bless me...for what?

B: Ha ha, no I don't mean it literally. ①It's just something we say when someone sneezes.

A: I see. What does it mean?

B: I've heard that it goes back to the middle ages in Europe when people believed that, when you sneezed, your spirit was trying to escape and cause trouble, so they would say "bless you" to keep the spirit from escaping.

A: Wow. That's fascinating. I didn't know there was such a history to the different manners here.

B: Well, ②some have historical reasons, and some have more logical, practical explanations.

A: Okay. Well, thank you.

B: Sure. By the way, it might be a good idea to cover your mouth with your hand or a handkerchief when you cough, sneeze or yawn.

A: Oh, sorry. In Japan, we usually wear face masks when we're a little sick, but I wasn't able to find them at the pharmacy.

B: Here, ③wearing a mask like that is generally associated with doctors or criminals, so that may not be such a good idea.

第３章　ビジネス英語雑談　アウトバウンド編 ……文化・習慣

A: ハクション！
B: 神のご加護をあなたに祈ります。
A: 神のご加護を私に祈るって、なんに対してのですか？
B: ははは。いえ、文字通りの意味じゃないんですよ。誰かがくしゃみをしたときに、こう言うんです。
A: そうなんですね。どういう意味なんですか？
B: 歴史的には、中世のヨーロッパにさかのぼるらしいですよ。当時の人たちは、くしゃみをすると、魂が身体を離れようとして不具合が起こると信じていたので、魂が逃げ出さないように「神のご加護を祈ります」と言っていたそうです。
A: へえ、それは興味深いですね。この国のさまざまな風習に、そのような歴史があったなんて、知りませんでした。
B: ええ、歴史的な理由を持つ風習もあれば、もっと合理的で実用的な説明がつく風習もあります。
A: なるほど。教えてくれてありがとうございます。
B: いえいえ。そうそう、せき、くしゃみ、あるいはあくびをするときには、口を手やハンカチで覆ったほうがいいかもしれませんよ。
A: ああ、ごめんなさい。日本では、たいてい風邪気味のときにはマスクを着用するのですが、薬局でマスクを見つけられなかったので。
B: ここでは、マスクをつけていると、一般に医者や犯罪者を連想されてしまいます。だから、マスクをつけるのは、あまりよい考えとは言えませんね。

（**A:** 日本人／**B:** 外国人）

📝 NOTES

- Achoo!「ハクション！」 ● bless「祈る」 ● literally「文字通りに」 ● sneeze「くしゃみする」 ● the middle ages「中世」 ● spirit「魂」 ● logical「合理的な」 ● cough「せきをする」 ● yawn「あくびする」 ● pharmacy「薬局」 ● associate「連想する、思い出す」 ● criminal「犯罪者」

38 日本と外国、マナーの違い

 雑談ネタのポイント

　日本では、風邪や花粉症の人でなくても、マスクをつけている人が多数見られます。風邪をうつされたくないので、予防の意味でマスクをつける人はまだ理解できます。化粧をしていないので、素顔を見せないためにマスクをつけるというのも、まだわからないことはありません。しかし、「なんとなく落ち着くから」という理由でマスクをつけている人もいるそうで、これはちょっと理解に苦しんでしまいます。

　そんな「マスク好き」の日本人に対し、外国人の多くはマスクを毛嫌いしています。明らかに風邪を引いていて、ずっと咳やクシャミをしているのに、マスクをしてくれない人が結構います。p.190 で紹介している「傘をささないアメリカ人」と同じように、もしかしたら、「マスクなんていう軟弱なものは必要ない！」と強がっているのかもしれませんね。

 話を膨らませるためのポイント

Wow. That's fascinating.
へえ、それは興味深いですね。

Wow. のような、感情を込めた間投詞をうまく使うことで、相手に気持ちよく話をさせてあげることができますね。fascinating は、「興味をそそられる」というニュアンスで、interesting よりも「興味の度合い」が強い形容詞です。

 注目したいフレーズ

❶ It's just something we say when ...
　…なときに発する言葉です。

just を入れると、「ああ、それは大した意味はなくってですね…」のように、フレンドリーな感じを出せます。something も、なんとなくぼやかすようなイメージで、just と同様の働きをしてくれます。

　A: What does "whaddaya say" mean?
　（「ワダヤセイ」って、どういう意味ですか？）

第３章　ビジネス英語雑談　アウトバウンド編 ……文化・習慣

B: Oh, **it's just something we say when** we greet one another around here.
（ああ、このあたりでは、挨拶のときにそういうんですよ）

❷ Some have ..., and some have ～
…なものもあれば、～なものもあります。

some を繰り返し使って、「…なものもあれば、～なものもあります」のように、「いろいろな例・理由がある」ということを示す表現。下の例では、「食べる」という意味の have を使ったパターンを示しています。

A: Do people in Japan have western food for breakfast or do they eat more traditional Japanese food?
（日本の人たちは、朝食は洋食ですか？　それとも、もっと伝統的な和食を食べていますか？）

B: Well, **some have** bread and eggs for breakfast **and some have** fish and miso soup. It depends on the person.
（そうですね、パンと玉子料理を朝食にしている人もいれば、魚とみそ汁だという人もいます。人によりけりですね）

❸ ... is generally associated with ～
…は一般に～を連想させます。

associate「関連付ける」「連想させる」という意味の動詞。「関連しているもの」「連想するもの」について言及する際に、この受身形の be associated with ... という形が用いられます。

A: Is Meiji Jingu a Buddhist building?
（明治神宮は、仏教の建物ですか？）

B: No, Meiji Jingu **is generally associated with** Shintoism.
（いいえ、明治神宮は通常、神道に関係していると考えられています）

 ## ネイティブがよく使う「口ぐせフレーズ」

That may not be such a good idea.
それはあまりよい考えとは言えませんね。

控え目に、相手の提案を否定したいときに、ネイティブはこんな感じの表現をよく使っています。good idea は [グッド アイディア] ではなく、一息に [グッアイディア] のように発音すると、より自然な感じになります。

39 人気のスポーツは国によってさまざま

TRACK 45

日本人には今一つピンと来ないかもしれませんが、スーパーボウルは、アメリカ人にとって1年をとおしてもっとも楽しみなイベントのひとつで、アメリカ中が沸き上がります。アメリカはスポーツが盛んなため、スポーツのネタは尽きません。鉄板ネタのひとつであるといえます。

A: It's almost Super Bowl Season, you know.

B: What's the Super Bowl? I've heard people talking about it, but I'm afraid I don't know much about it.

A: Oh. Well, it's the biggest football tournament in the U.S., and one of the biggest sporting events of the year. Usually, people get together at someone's house or their favorite local sports bar and watch it together while having a lot of food and drinks. It's like a party, really.

B: That sounds like a lot of fun.

A: It is! Is football popular in Japan, too?

B: No, not at all, actually. ①It's a bit of a minor sport in Japan, like hockey.

A: Like hockey? Ha, so no one watches hockey in Japan, either?

B: I think it's a bit more popular in the colder areas up north, but ②otherwise not so much.

A: That makes sense. It's much more popular up in Canada and Russia, I hear. So, what are some of the most popular professional sports in Japan these days?

B: I'd say they would be baseball, football—or soccer here, I believe, golf and sumo wrestling. What about here in America?

A: I'd say it'd be basketball, football, baseball and boxing or mixed martial arts, which is getting more and more popular these days.

B: Ah, so baseball seems to be popular in both countries. ③Do you have a favorite baseball team?

第 3 章　ビジネス英語雑談　アウトバウンド編 ……文化・習慣

A: もうすぐスーパーボウルのシーズンですね。
B: スーパーボウルって、なんですか？ みんながそれについて話しているのをよく耳にしましたけど、私はよく知らないんです。
A: そうですか。ええと、スーパーボウルっていうのは、全米最大のフットボールのトーナメントで、1年を通じて最も大きなスポーツイベントの1つです。たいてい、誰かの家や、行きつけの地元のスポーツバーに集まって、大いに飲み食いしながら一緒に観戦するのです。まるでお祭り騒ぎですよ！
B: それは楽しそうですね。
A: 楽しいですよ！ 日本でもフットボールは人気がありますか？
B: いいえ、実はまったく人気がありません。日本では割とマイナーなんです。ホッケーもそうですけど。
A: ホッケーですか？ ええと、日本では、ホッケーも人気が無いんですか？
B: 日本の北のほうの寒い地域ではもう少し人気があるようですが、その他の地域ではそれほど…。
A: なるほど。ホッケーは、カナダやロシアなどのほうが、人気が高いと聞いたことが有ります。じゃあ、最近では、どんなプロスポーツが人気なんですか？
B: 野球、フットボール、アメリカでは「サッカー」と呼んでいますが、それにゴルフ、相撲などですね。ここアメリカでは、どうですか？
A: バスケットボール、フットボール、野球、ボクシング、あるいは総合格闘技でしょうか。総合格闘技は、最近、人気が高まっていますよ。
B: ふむふむ。野球は、どちらの国でも人気があるようですね。好きな野球チームはありますか？

（**A:** 外国人／ **B:** 日本人）

📝 NOTES
● Super Bowl 「スーパーボウル」　● hockey 「アイスホッケー、ホッケー」→ アメリカなどでは hockey と言えば、通常「アイスホッケー」を指します。　● otherwise 「そうでなければ」　● professional sports 「プロスポーツ」　● sumo wrestling 「相撲」　● mixed martial arts 「総合格闘技」

39 人気のスポーツは国によってさまざま

 雑談ネタのポイント

アメフトのファンでもない限り、日本に住んでいる日本人のほとんどが「スーパーボウル」に興味を持っていないのではないでしょうか。また、アイスホッケーも、あまり人気がないように思われます。

ダイアログの中でも少しだけ触れていますが、総合格闘技は、アメリカではかなり人気を博しています。UFC（Ultimate Fighting Championship）などは、特に人気ですね。1993年に始まったUFCは、バーリ・トゥード（vale tudo。ポルトガル語で「何でもあり」）ルールが売り物で、「最強」を決める、本物の格闘技として注目されています。

 話を膨らませるためのポイント

What about here in ...?
ここ…では、どうですか？

こんなふうに、「この国ではどうなんですか？」という聞き方をしていくことで、雑談はさらに盛り上がっていくでしょう。アウトバウンド雑談なので、hereを入れて〈here in ＋国名〉という形にするのが自然です。

 注目したいフレーズ

❶ It's a bit of ...
それは多少…です。／それはちょっとした…です。

本来 a bit は「少ない量」という意味ですが、It's a bit of ... は「それはちょっとした…です」あるいは「それはけっこう…です」のようなニュアンスの表現で、「少なくない」ことを暗に伝えるために使います。

A: Is that lake over there a famous landmark?
（あそこに見える湖は、有名なスポットなんですか？）

B: Technically, it's a pond. It's a bit of a pain to get to, but it's worth a visit.
（厳密に言うと沼なんですけどね。行くのはちょっと大変ですけど、それだけの価値はありますよ）

第 3 章　ビジネス英語雑談　アウトバウンド編 ……文化・習慣

❷ otherwise
さもなければ

「そうでなければ」「さもないと」「違う場所では」など、いろいろな意味で使われるのが、この otherwise です。うまく使えば、表現の幅がグンと広がりますよ。下の例では、「そうしないと」という意味を表しています。

A: If you're coming to the company picnic tonight, I can give you a ride if you can leave now. Otherwise, you may have to take a taxi to get there.
（今夜の会社主催のピクニックに参加するんだったら、今出られるなら私の車で一緒に行きましょう。そうしないと、会場までタクシーで行かなければならなくなるかもしれませんよ）
＊英語の picnic は「アウトドアでの食事（会）」という意味です。

B: If it's okay with you, I would appreciate a ride there.
（もしよろしければ、ぜひ車で送っていただきたいです）

❸ Do you have a favorite ...?
お気に入りの…はありますか？

favorite の後に、いろいろな名詞をつなげて、便利に活用してみましょう。以下の例では、part という名詞を使っています。なお、文脈で何を指しているかわかる場合は、Do you have a favorite? だけで用いることも可能です。

A: Do you have a favorite part of town?
（この街の、お気に入りの場所はありますか？）

B: I do. I really like the riverside area. There are a lot of great bars there.
（ええ。川沿いの地域が好きですね。素敵なバーがたくさんあるので）

 ### ネイティブがよく使う「口ぐせフレーズ」

..., you know.
…ですよね。

「ご存じのとおり…ですね」のようなニュアンスで、「当然知っていると思われること」を話題として出すときに使います。文頭の You know, ... は、「その…」「ところで…」のように、相手に理解してもらうことへの期待を示すためによく使います。

40 欧米人は傘をささない？

日本は、1年をとおして雨が多いため、折りたたみ傘や置き傘など、傘を常備している人は多いと思います。でも気候の違う外国では、少々事情が違うようです。軽い話題なので、気軽に話題をふってみましょう。

A: I haven't seen it rain like this in a while. It's really coming down!

B: ①Would you like to borrow my umbrella? I have a spare.

A: No, thanks. I'll just tough it out.

B: Okay. But I've noticed that not too many people use umbrellas here. Is there a reason for that?

A: Hmm. ②I've never really given it much thought. Maybe it's because we don't really spend that much time walking from one place to another, especially in the rain, so we just don't feel a need to bother with one.

B: Now that you mention it, I don't do nearly as much walking around here as I did back in Japan.

A: Right. Umbrellas just tend to ③get in the way, and there's never anywhere to put them when you go inside.

B: In Tokyo, there are usually places to put your umbrella in front of stores or at the entrance of companies.

A: Wow. That's pretty convenient.

B: Yeah. We also spend a lot of time walking from our homes and offices to and from train or bus stations.

A: I see. In that case, I understand the need for umbrellas.

B: Do people wear rain boots or anything like that here?

第３章　ビジネス英語雑談　アウトバウンド編……文化・習慣

A: こんなすごい雨は、久しぶりですよ。本降りになっちゃいましたね。
B: 私の傘をお貸ししましょうか？　予備の傘があるので。
A: いいえ、お構いなく。なんとかなりますよ。
B: そうですか。でも、この国では、傘を使う人があんまりいないですよね。何か理由があるのですか？
A: うーん、あまり考えたことがなかったです。もしかしたら、私たちは、長い時間歩いて移動することが、それほどないからかもしれません。特に雨の中を歩くということはあまりありません。だから、わざわざ傘なんて…と思ってしまうんでしょうね。
B: 言われてみれば、日本にいたときに比べ、あまり歩くことがないですね。
A: でしょ？　傘って邪魔になりがちですし、建物の中に入るときにも、傘を置く場所がなかったりしますよね。
B: 東京では、店の前や会社の玄関に、傘を置く場所が設置されていることがほとんどです。
A: へえ、それはとても便利ですね。
B: そうですね。また、日本人は、家や会社と、駅やバス停との間を長時間歩いています。
A: なるほど。それなら、傘が必要なのも理解できますよ。
B: アメリカでは、長靴みたいなものを履いたりはしないんですか？

（**A:** 外国人／**B:** 日本人）

✎ **NOTES**

● come down 「（雨・雪が）降る」　● a spare 「予備のもの」　● tough it out 「耐え抜く」　● give ... much thought 「…についてよく考える」→ give much thought to ... という語順も可能です。　● bother with ... 「…で面倒な思いをする、…で頭を悩ます」　● tend to ... 「…する傾向がある」　● get in the way 「邪魔になる」　● rain boots 「長靴」

40 欧米人は傘をささない？

雑談ネタのポイント

おそらく、多くの日本人には理解できないと思いますが、アメリカ人にとって「傘をさす」という行為は、「クール」ではないという意識があるようです。まるで、日本の小学生の男の子みたいですよね。

あるアメリカ人の若者に、「傘をさすことがあるか？」と聞いたところ、「滅多に無い」とのこと。では、「そもそも、傘は持っているの？」と尋ねたら、なんと「持っていない」と言われてしまいました。さすがに1本ぐらいは持っていると思ったんですけど…。

日本のようにコンビニがどこにでもあるわけではないので、手軽に安いビニール傘を買うこともないでしょうから、彼は本当に「さしていない」んでしょうね。

話を膨らませるためのポイント

Is there a reason for that?
何か理由があるのですか？

Why ...?「どうして…？」とストレートに聞くのではなく、「何か理由があったら教えてください」とやんわり尋ねることで、フレンドリーさを出しています。「特に理由でもあるのですか？」なら、Is there a particular reason for that? のように聞いてもいいでしょう。

注目したいフレーズ

❶ Would you like to ...?
…したいですか？

「…しませんか？」と、相手を軽く誘う場合に使ってみましょう。後に名詞を続けるなら、Would you care for some coffee ...? や、How about some coffee ...? などの言い方を活用できます。

> **A: Would you like to grab some coffee with me before the meeting?**
> （会議の前に、一緒にコーヒーでも飲みませんか？）
>
> **B: Sure. I could use a caffeine boost right about now.**
> （いいですね。そろそろカフェインを補給しておこうかな）

第３章　ビジネス英語雑談　アウトバウンド編 ……文化・習慣

❷ I've never really given it much thought.
それについて、あまり考えたことはありません。

give it thought は「…について考える」ということですね。この thought は名詞ですが、もし動詞の think を使うのであれば、I've never really thought about it. などのような言い方になります。

> A: Why did you decide to become a saleswoman?
> （どうして営業職に就こうと決めたんですか？）
>
> B: I don't know. I've never really given it much thought.
> （さあ…。それについて、あまり考えたことはありません）

❸ get in the way
邪魔になる

get in the way は、「何かをする際に邪魔になる」という意味のフレーズ。「…の邪魔になる」と言いたければ、get in the way of ... という形にします。

> A: I've noticed that most of the men and women at this company have relatively short hairstyles.
> （この会社では、男性も女性も、ほとんどが割とショートヘアーなんですね）
>
> B: Yeah. In this industry, long hair can get in the way.
> （ええ。この業界の場合、髪の毛が長いと、邪魔になってしまいますので）

 ## ネイティブがよく使う「口ぐせフレーズ」

I'll just tough it out.
なんとかなりますよ。

tough it out は「こんなに耐え抜く」という意味なので、この I'll just tough it out. は、「なんとか耐え抜いて見せますよ」のような、やや「大げさな」響きになります。「男らしさ」をアピールしたいときに使ってみましょう。

41 タイには13種類の微笑みがある

🔊 TRACK 47

タイの現地法人の日本人マネージャーが、こんな経験をしたそうです。部下の女性社員の配置換えをしたところ「人員整理なのではないか」と抗議をされたそうです。人員整理などではないと説明したあと、彼女は微笑みを返してきたそうです。すっかり了解してくれたものだと思ったそうですが、「この人にはこれ以上話をしても無駄だというあきらめの微笑み」だったことが後でわかったそうです。興味深いタイの微笑みについての雑談です。

A: ①How are you enjoying things in Thailand so far?

B: Well, I've noticed that the people here seem to smile a lot.

A: Ah yes, the smiles of Thailand.

B: ②I'm sorry, "the smiles of Thailand?" What do you mean?

A: There are said to be as many as 13 different types of smiles that the people of Thailand use; each with its own meaning and situation.

B: That many? Wow. Could you tell me what they are?

A: Gladly. Let's see, there's *yim thang nam taa*, which is just a regular happy smile. Then, there's *yim thak thaai*, the polite smile used in brief encounters or with people you don't really know. *Yim cheun chon* is the smile we use when meeting someone we admire or respect.

B: Some of these seem really specific ...

A: There's *fuen yim*, smiling when you don't really want to, like at a bad joke. *Yim yaw* is a teasing smile also used to say, 'I told you so!' *Yim mee lessanai* is a smile that hides one's evil intent.

B: Oh my! ③That's rather curious.

194

第3章　ビジネス英語雑談　アウトバウンド編……文化・習慣

A: タイでの生活はこれまでのところ、どうですか？
B: そうですね。気づいたんですけど、タイの人たちってよく微笑みますね。
A: ああ、そうですね。「微笑みの国、タイ」ですね。
B: え、「微笑みの国」？ それって、どういう意味ですか？
A: タイの人たちは、なんと13種類もの微笑みを使い分けると言われています。それぞれが異なる意味を持ち、使うべき状況も異なっています。
B: そんなにあるんですか？ すごいなあ。どんなものがあるのか、教えてもらえませんか？
A: 喜んで。ええと、まずは「イム・ターン・ナムター」があります。幸福感から生まれる通常の微笑みです。「イム・タック・ターイ」は、ちょっとだけ人に会ったときや、あまりよく知らない人に対して用いる丁寧な微笑みです。「イム・チューンチョム」は、あこがれていたり、尊敬している人に出会ったときに使う微笑みです。
B: ずいぶん具体的なものもあるんですね…。
A: 「ファン・イム」は、くだらない冗談を言われたときなどのように、本当は笑いたくないときの笑いです。「イム・ヨー」は、からかうような笑いで、「だから言ったでしょ！」などと言いたい場合にも使いますね。「イム・ミー・レッサナイ」は、心の中の悪意を隠している笑いです。
B: それはすごい。なかなか興味深いですね。

41 タイには 13 種類の微笑みがある

A: There's also *yim yae-yae*, which says, "don't worry; it's not worth getting upset about", and *yim sao*, the smile for trying to hide your sadness. *Yim haeng* is a smile for when you know you've made a mistake and wish to be forgiven. *Yim thak thaan* is for when you disagree with someone, but are still willing to listen to their idea.

B: Okay, now that one is really context specific!

A: And last, but not least, there is *yim cheua-cheuan* for when you want to show that you are victorious over someone else; *yim soo*, a smile in the face of hopelessness and despair and *yim mai awk*, or trying to force a smile when you may be in too much pain to really smile.

B: Goodness, I had no idea there was so much behind the smiles of Thai people. Though, some of those sound like what we do in my country as well.

第3章 ビジネス英語雑談 アウトバウンド編 ……文化・習慣

A: でしょ？「イム・イエーイエー」は、「心配しても仕方ない、それについて心を乱しても意味がないよ」と言いたいときの微笑みです。「イム・サオ」は、悲しみを隠そうとしているときの微笑みです。「イム・ヘン」は、自分が間違えてしまったことをわかっていて、相手に許してもらいたいときの微笑みです。「イム・タック・ターン」は、誰かと意見が合わないものの、一応その人の考えを聞くつもりはあるというときの微笑みです。

B: なるほど。最後のものは、使える状況がずいぶん限られますね。

A: そして、最後になりますが、「イム・チュアチュアン」は、自分が誰かに勝ったということを誇示したいときの微笑み。「イム・スー」は、絶望や落胆に直面したときの微笑み。「イム・マイオーク」は、笑おうとしているが、痛みなどのために実際に笑うことができないという状態です。

B: 参りました。タイの人たちの微笑みの陰に、それほど多くのことが隠されていただなんて知りませんでした。でも、タイの微笑みの中には、私たちの国でも使っているものが含まれているように思われます。

（**A:** 外国人／**B:** 日本人）

NOTES

● gladly「喜んで」 ● encounter「出会い」 ● admire「…を称賛する、…に感嘆する」 ● specific「具体的な」 ● teasing「からかうような」 ● bad joke「悪い冗談、くだらないジョーク」 ● I told you so!「だから言ったでしょ！」 ● evil intent「悪意」 ● get upset about ...「…に取り乱す、…にあたふたする」 ● be forgiven「許される」 ● context specific「（使える）状況が限定的な」 ● victorious over ...「…に勝って、…に対して勝ち誇って」 ● hopelessness「絶望」 ● despair「落胆、失望」 ● force a smile「無理に笑う、作り笑いをする」 ● in pain「痛みがある」

41 タイには13種類の微笑みがある

雑談ネタのポイント

「微笑みの国」という名前で呼ばれることもあるタイでは、本文で紹介しているように、13種類もの「笑い方」があるそうですね。これに比べれば、それほど複雑ではないと思えるのですが、日本人の笑い方も、アメリカ人などを悩ませることがあるそうです。

アメリカでは、相手に向かって、大きな口をあけて笑うのが一般に好まれます。このような笑い方をすることで、誠実に話を聞いているというアピールになるようです。これに対して、日本人は、そのような笑い方をしません。特に女性は、笑うときに口元を手で隠したりしますよね。男性に至っては、「ダンディー」さをアピールしようと、あまり笑わないように心がけている人さえいる始末。

このように笑いを隠したり押さえたりすると、「心を開いていない」「誠実でない」という印象を相手に与えかねません。ですから、笑うときは、「はっきり」笑うようにしたほうがいいと思います。

話を膨らませるためのポイント

That many? Wow.
そんなに多いんですか？ すごい！

Wow. は「わあ」「すごい」のような意味の間投詞。たまに挟み込むことで、会話を盛り上げていきましょう。リアクション上手は雑談上手です。日本語の感覚では、少し「大げさかな？」と思うぐらいでちょうどいいのです。

注目したいフレーズ

❶ How are you enjoying things ...?
楽しんでいますか？／どうですか？

How are you enjoying ...? は「…をどのように楽しんでいますか？」が直訳ですが、ニュアンスとしては「どうですか？」「順調ですか？」「楽しんでいますか？」と、相手のことを気遣うひとことです。

A: **How are you enjoying things** at the company training seminar?
（会社の研修はどうですか？ 楽しんでますか？）

B: I'm really having fun learning so many new things about the business.
（ビジネスに関する新しい知識をたくさん身につけられるのが楽しいです）

第３章　ビジネス英語雑談　アウトバウンド編……文化・習慣

❷ I'm sorry, ...?
すみません、…ですか？

「すみません」という「声掛け」は Excuse me. が基本ですが、ニュアンスによっては、I'm sorry. を用いることもあります。本文のダイアログでは「聞き取れなくてすみません」という、「申し訳ない」という気持ちが入っているため、I'm sorry. が使われています。また、下の例のように、「何度もすみませんが…」のような気持ちが入っている場合も、I'm sorry... を使うことがあります。

A: I'm sorry, can I borrow your pen for a second? Sorry to keep bothering you.
（すみません、ちょっとペンをお借りしてもよろしいですか？　何度もすみません）

B: Actually, this pen has a lot of sentimental value to me. I'll find you another one, though.
（実は、このペンは、すごく個人的に思い入れがありまして。違うペンを持ってきますね）

❸ That's rather curious.
なかなか興味深いですね。

この rather は「むしろ」ではなく、「思っていたよりも」「かなり」「ずいぶん」のようなニュアンスで、後に続く形容詞などの意味を強める働きをします。

A: That's rather curious. The weather report said it was going to rain, but the sun is shining.
（なかなか興味深いですね。天気予報では雨になると言ってたのに、日が射していますよ）

B: Oh it did rain, but it stopped pretty soon after it started. That's how it is around here.
（ああ、雨は降ったんですけど、すぐに止んでしまいました。このあたりの天気は、そんな感じなんですよ）

 ## ネイティブがよく使う「口ぐせフレーズ」

last, but not least, ...
最後に…

「最後に…がありますが、最後に述べるからといって、重要性が一番低いわけではありません」という意味の決まり文句です。複数の項目を列挙していって、一番最後の項目を取り上げる前に使う言葉です。

コラム　雑談力とCQ

　雑談を生き生きとした楽しいものにして、ビジネスに有効に活かすには、CQが不可欠だというお話をします。まず、CQとは何でしょうか？

　私は、異文化対応力を意味する"Cultural Intelligence"の略として使っています。"Cultural Intelligence"の定義は、多様な文化的コンテキスト（国、民族、組織、世代など）を超えて効果的に機能できる能力（the capability to function effectively across various cultural contexts (national, ethnic, organizational, generational, etc.)）というもので、動機（Drive）、知識（Knowledge）、戦略（Strategy）、行動（Action）の4つの要因からなっています。詳細は別のところで取り上げていますので、ここではこれ以上はお話ししません。

　ハーバード・ビジネススクールのTarun Khanna教授は"Contextual Intelligence"の意味で使っています。それは一言でいえば、自らの知識の限界を理解しその知識が得られた環境とは異なる環境に適応させる能力（the ability to understand the limits of our knowledge and to adapt that knowledge to an environment different from the one in which it was developed）のことです。ある国や地域で成功したビジネスモデルや戦略が他の国や地域で成功するとは限らず、異なった環境に適合させる能力が必要だと説いています。

　どちらのCQの考え方を取るにせよ、本書のテーマである雑談にもCQが不可欠だというのが私の考えです。平たく言えば、「場を読む力」が大切だということです。ひとつ例をあげましょう。日本はよく学歴社会だと言われます。しかし、自由、平等の国と言われるアメリカはもっと学歴社会だというのが私の実感です。2つほど事例をあげましょう。

　まず、映画からご紹介します。これは、*A Civil Action*と題する映画で、環境汚染によりガンを患った住民を代表する弁護士（John Travolta）が、企業弁護士と対峙する場面です。場所は、ニューヨークのハーバード・クラブで、ハーバード・ロースクール卒の企業弁護士が、「キミは、どんな類のハーバード人なんだ？」（"What kind of Harvard man are you?"）と問います。この質問には、キミもハーバードを卒業したのだから、現実的な物事の見方を理解しているだろう、という意味が含まれているのではないかと思われます。これに対して、住民を代表する弁護士が、"The Cornell kind."（コーネルの類だ）と答えます。そこで、ハーバード卒の企業弁護士は、躊躇しながら、コーネルもいい学校だと答えます。

第 3 章　ビジネス英語雑談　アウトバウンド編 ……コラム

("You didn't go to Harvard? Somebody told me you went to Harvard. Don't get me wrong, Cornell's a fine school. (Pause) A damned good school.") だと答えます。このシーンにはアメリカ社会の文脈が色濃く出ていると感じます。広く言えば学歴社会であること、この場合は法曹界における出身大学における序列、プライベートクラブの排他性、事件の被害者に訴訟を募る弁護士("Ambulance Chaser")に対する批判、などが底流にあるように思います。

　私自身の実例をお話します。私がマレーシアで仕事をしていた時に、まったく取引がなかった会社の社長と「雑談」をしていた時に、私の発音がアメリカ的だ、という話になりました。そこで、アメリカの大学に3年間通ったと話したところ、その方も同じ大学の卒業生だということが分かりました。しかも私が先輩だったのです！それから話はとんとん拍子に進み、あっという間に新規取引に結び付けることができました。それのみならず、出荷した商品が品質問題を起こした時も、実に紳士的に対応していただきました。何でもない雑談から取引関係に発展し、ひいては深い信頼関係に結び付いたという話ですが、もちろんやたらに卒業大学の事を聞くのは憚られますし、ましていわんやそれを商売に利用しようと言うのは余りに利己的に過ぎます。やはり、お互いが心地よく交わせる雑談を心がけるべきでしょう。雑談力を身に付けるためには、CQ をしっかり理解し、場面に応じて活かすことが大切ではないかと思います。（藤井正嗣）

☕ コラム　NG ネタと鉄板ネタあれこれ

　本書で扱っている雑談は、「外国人との雑談ですので、相手の文化背景を知り、失礼のないような話題選びが必須となります。

　以下、NG ネタ、鉄板ネタをまとめてみました。たくさんのビジネスパーソンに取材して収集したものですが、単純に NG か鉄板ネタかどうかは、個人差がありますので、会話を進めながら、少しずつ探りながら慎重に話してみてください。

■家族ネタ＝ NG ネタ

　初対面でいきなり家族のことを訊ねるのは、できれば避けたいものです。特に離婚や再婚が増えている国などでは、聞かないほうが無難だと思われます。こんなエピソードがあります。「お子さんは何人いますか？」と気軽に聞いたつもりが、「子供は4人です。妻との間に2人と妻の前の夫との子供2人で、合計4人います」という返事が返ってきたそうです。事情が複雑すぎてそれ以上なにも聞けなかったという話があります。逆に家族のことを聞いたことで、お互いの家を行き来し

て、家族ぐるみのおつきあいができるようになったという話もあるので、一概に
NG というわけではありません。たとえば、中国は、一人っ子政策があるため、「お
子さんは何人いますか？」という質問はまずありえません。その場の雰囲気を読
みながら上手に聞いてみて下さい。

■戦争ネタ＝ NG ネタ

　日本にいると戦争を身近に感じることはありませんが、外国では決してそうでは
ない場合もあります。たとえば、アメリカでベトナム戦争に絡んだ話はよほどの
ことがない限りタブーだと言えます。戦争によって亡くなった人、傷ついた人は
数多く、アメリカに限らず、戦争に関することはまず口に出さなくて正解でしょう。

■食料品の値段＝鉄板ネタ

　日本では、たとえば男性同士が、「どこそこのスーパーで○○が安かった」とか、
「もう一軒ほかのスーパーに行ってみたら、○○円も安くて悔しかった〜」とい
う話はそれほど盛り上がるネタではないと思われますが、欧米では、まさに鉄板
ネタだそうです。スーパーに通って安売り情報や野菜の値段などをチェックして
おくといい雑談ネタをストックしておけます。ぜひトライしてみて下さい。

■お酒ネタ＝鉄板ネタ（地域限定）

　かつては「お酒がたくさん飲めるのはすごい」という考え方はあったようです
が、今では特に欧米では、お酒＝アルコール中毒というイメージも重なり、あま
り大酒飲みは自慢にはなりません。不用意にお酒が強いなどと自慢気に言ってし
まうと、欧米では軽蔑されることもあり得ます。ただ文化背景によっては、OK
な場合もあります。アフリカやアジアなどではそういった傾向はあるようで、あ
る商社マンが、なかなか商談がまとまらなかったとき、夜も遅く、お酒でも飲み
に行こうかという流れになりました。その商社マンはお酒が強かったそうで、翌
朝に、あんなに難航していた商談がすっきりとまとまったという話があります。
「酒が強いやつは信頼できる」という文化背景があったのです。

　最終的には、場数をたくさん踏むことが一番大事だと思います。たとえば、
仕事上でトラブルがあったとき、自分たちの利益ばかりを考えていたら先に進
めません。休憩時間などに、相手とちょっとした雑談をしてみると、場が和み、
その後の展開がよくなることもあります。悪いときこそ雑談はその威力を発揮
するのです。また、できる限り具体的な数字を出すと、説得力があり、迫力が
違います。多少大げさに問題提起すると、相手は身を乗り出して聞いてくれた
りします。（内藤彰信）

第4章

ビジネス英語雑談　まとめ

第2章、第3章では、たくさんの雑談の実例を見てきました。最後に、雑談力をどのように活用していったらよいかなどをまとめてみました。

本書では、雑談力をテーマに具体的な会話をいろいろご紹介してきました。まとめとして、雑談力とは何かについて、私の考えをご紹介したいと思います。

1. 雑談力は情報力

　雑談をするためには、常日頃からの情報収集が大切です。新聞やインターネットで面白いと思う記事があったらテーマごとに分類・整理しておくことをお勧めします。また、いろいろな人たちとの会話の中で、これは面白いという話があったら記憶にとどめ、自分用に編集し直しておくこともよいと思います。もちろん他人の話をそのまま頂戴するのは感心しませんので、引用する際には、「誰々がこんな話をしていたのだけど」といった具合に「出所」を明らかにするようにしましょう。

　雑談にふさわしいテーマは何かという点にも触れておきたいと思います。雑談を「仕事に直接関係せず、話者同士が楽しく感じる会話」と定義しますと、一般的には政治や宗教の話は避けた方が良いのではないかと思います。政治などの話題を好んでする人も多くいて「どの政党を支持するか」、宗教で言えば「IS（Islamic State）についてどう思うか」、と言ったテーマは熱くなりがちですが、話の成り行きによっては重苦しい雰囲気になりかねませんので避けた方が賢明ではないでしょうか。一方、大震災後の復興はどうなっているか、"Abenomics" についてどう思うか、"Womenomics" という言葉があるようだが、どういう意味だろうか、といったテーマであれば、きちんと会話ができるように頭の中を整理しておくのがよいと思います。

2. 雑談力は発話力

　発話力、つまり話を語る力（Story Telling Skills）は非常に重要なスキルです。交渉やプレゼンテーションと言った本格的なビジネスの場面でも力を発揮します。亡き Steve Jobs がスタンフォード大学の卒業式で行ったスピーチは、歴史に残る名スピーチだと言われていますが、彼は自らの人生を振り返り3つの話

第4章 ビジネス英語雑談 まとめ

をしました。"Today I want to tell you three stories from my life. That's it. No big deal. Just three stories."の冒頭の言葉は多くの人々のハートをとらえました。偉大なイノベーションを起こし、PixarやAppleを世界有数の企業に育てあげた名経営者が、波乱万丈の人生を振り返り、人間Steve Jobsをさらけ出し、簡潔なストーリーで語りかけたことで多くの人々に強いインパクトを与えたのです。スピーチは雑談ではありませんが、底流に流れる発話力は共通です。皆さんが、ご自分の人生を3つにまとめるとしたら何を話しますか？ Steve Jobsの人生ほどドラマティックでなくとも、皆さん個々人の人生の話に多くの人は真摯に耳を傾けることでしょう。

3．雑談力は語学力

　雑談をするのに語学力は不可欠です。いろいろなテーマで雑談できたら、楽しいと思いませんか。もし皆さんが外国語会話を勉強しておられるのであれば、雑談は楽しいと同時に意外と難しいと感じられるのではないかと思います。身の回りの様々な事象を簡単な言葉で語ることは非常に重要です。語学力がつくにつれて、ユーモアを交えた雑談で相手を笑わせたり、雑談の中にもインパクトのあるメッセージを込めて相手をうならせたりできるようになります。そして、雑談の持つだいご味や奥深さを大いに感じてください。そうしたハイレベルの雑談ができるようになってくると、生きた本物の語学力が身についてきたと感じられるのではないかと思います。雑談は相手がいなくても練習できます。自分自身に語りかけるのです。街の風景や自分の感情を自らに語りかけることは非常に効果的です。ぜひ試してみてください。

４．雑談力は仕事力

　英語を使って仕事の話ができるようになるのは当然と言えば当然です。ビジネスに関わっている人であれば、ご自分の仕事について英語で語れるのは最低限の要件です。しかし、世界の多くのビジネス・パーソンと信頼関係を構築し質の高い仕事をこなしてゆくためには、仕事の場を離れた場面での雑談力が不可欠だと言えると思います。雑談の中から、仕事に役に立つ重要な情報がピックアップできることもあります。この人とぜひ一緒に仕事がしたいと思わせるような洗練された雑談力を身につけていただきたいと思います。

　具体的な例をあげましょう。私の趣味は、３Ws です。３Ws とは、車（Wheels）、時計（Watches）、ワイン（Wine）の頭文字の W を取ったものです。この趣味を共有する愉快な仲間があります。一人は、ハーバード・ビジネススクールの教授でイノベーションの大家、もう一人は某メーカーの外国人役員の方です。日本からは、私と某時計メーカーの社長さんです。皆さん非常にお忙しいのですが、ハーバードの先生が教えるために来日するタイミングに合わせて「3Ws の会」を開催するのが毎年恒例になっています。経営者二人、大学教授二人が話す事と言えば、仕事ではなく、車と時計とワインの話が中心です。まったく利害関係のない四人が共通の趣味を語り合うことで話が大いに弾みます。日本の時計メーカーの社長さんがハーバードの先生とメーカーの役員さんに最新鋭の時計をプレゼントしたりして、場は大いに盛り上がります。

　この会は数年続いているのですが、ある年メーカーの役員さんが退任されることになりました。退任後の新しい仕事は、何とこの会のメンバーである時計メーカーの社外取締役だったのです。まったく利害関係のない共通の趣味だけで集まった会でしたが、結局は仕事に繋がりました。会のなかでのさりげない会話やマナー、ものの考え方等から、この方なら自社に来て頂いて社外取締役の仕事をしっかりとしていただけると時計メーカーの社長さんは考えられたのかもしれませんね。仕事に直接関係のない雑談だったからこそ、一人ひとりの個性がよく表れていた

のではないでしょうか。

　逆の意味で気をつけた方が良いなと思うこともあります。私も職業柄でしょうか、色々な方から何か依頼されることがままあります。よくあるパターンは、「すっかりご無沙汰いたしておりますが、お元気でしょうか？　私の方も何とかやっております。ところで、今日はお願いがあってメールをさせていただいています」といったものです。世の中には当然のことながら色々なタイプの方々がいますが、注意をしないと、何か頼みごとがある時だけ連絡をしてくる自分勝手な人だと思われかねません。どんな些細なことでもいいので、常日頃からコミュニケーションを取っておくことが大切だと思います。まさに「雑談力」が求められるのです。そうしたさりげない普段からのやりとりがあってこそ十分な信頼感が養われ、いざという時に力を貸してくれるように頼むことが自然にできるようになっていくのではないでしょうか。これは私も自分に言い聞かせている大切なポイントで、私心を持って利己的にお付き合いをするのではなく、自然に誠意を持って接することを通して、長く続く人間関係が構築できるのではないかと思います。

　仕事は決して一人で完結できることはありません。多くの人たちとのネットワークからより良い仕事ができるようになるものだと思います。そのための「雑談力」はよりよい仕事をするためには、不可欠だと言ってもよいのではないでしょうか。

5．雑談力は人間力

　雑談には話すひとの人間性が表れます。下品な話題や憚られるような言葉使い、自分の知識をひけらかしたり自慢話ばかりをする人は当然敬遠されますが、教養豊かで楽しい雑談ができる人、相手の話にしっかりと耳を傾け（Active Listening）愉快に反応できる人は、またぜひ会って話をしたいと思わせます。皆さんも、ぜひ雑談で人間力を磨いてください。

2015 年 9 月　藤井正嗣

監修者
藤井正嗣（ふじい・まさつぐ）
早稲田大学理工学術院教授。
福岡県生まれ。早稲田大学理工学部を経て、カリフォルニア大学バークレー校数学科（1972年）および修士課程卒（1974年）。帰国後、三菱商事へ入社。マレーシア・クアラルンプール支店マネージャー、オレゴン州食料子会社会長兼社長。本社人事部国際人材開発室長、人事子会社取締役、人材開発事業部長などを歴任。1999年にハーバード・ビジネス・スクールAMP（上級マネジメント・プログラム）修了後、インド冷凍物流合弁会社エグゼクティブディレクター、グローバルイングリッシュ・ジャパン代表取締役などを経て、2004年より現職。1997年NHK教育テレビ「3か月英会話 イエスと言わせる～ビジネスマンの説得術～」、2000～2001年「英語ビジネス・ワールド－Lead!－The MBA Way－」で講師を務める。主な著書：『英語で学ぶMBAベーシックス』（NHK出版）、『戦略的英語プレゼンテーション』（DHC）など多数。

著者
マルコム・ヘンドリックス
アメリカ、ワシントンD.C.出身。英語編集プロダクショングループHeaven's Valley所属。Earlham Collegeにて日本学学士号取得。株式会社TBKアメリカにて、翻訳・通訳、またリエゾン役として日米の異文化コミュニケーションを現場で体験してきた実績を有する。また、『CNN English Express』などの雑誌記事の執筆をはじめ、数多くの語学書の執筆・編集経験がある。

緒方秀夫（おがた・ひでお）
英語関連の雑誌記事、語学書の執筆・編集経験がある。

取材協力：	内藤彰信（丸全昭和運輸株式会社取締役、学校法人実践学園常任理事）／ 安渕聖司（日本GE株式会社代表取締役、GEキャピタル社長兼CEO）／ 室田博夫（シーメンスヘルスケア・ダイアグノスティクス株式会社代表取締役社長CEO）
編集協力：	矢野 早苗、Heaven's Valley (http://heavensvalley.jimdo.com/)
カバーデザイン：	萩原弦一郎　藤塚尚子（デジカル）
本文デザイン：	一柳茂（クリエーターズユニオン）
音声収録：	東京録音
ナレーション：	クリスティーン・ランデル／マルコム・ヘンドリックス

グローバル時代のビジネス英語雑談力

発行日	2015年 10月 30日　第1版第1刷
監修者	藤井　正嗣
著　者	マルコム・ヘンドリックス／緒方　秀夫

発行者	斉藤　和邦
発行所	株式会社　秀和システム
	〒104-0045
	東京都中央区築地2丁目1－17　陽光築地ビル4階
	Tel 03-6264-3105（販売）　Fax 03-6264-3094
印刷所	日経印刷株式会社
	Printed in Japan

ISBN978-4-7980-4493-4 C0082

定価はカバーに表示してあります。
乱丁本・落丁本はお取りかえいたします。
本書に関するご質問については、ご質問の内容と住所、氏名、電話番号を明記のうえ、当社編集部宛FAXまたは書面にてお送りください。お電話によるご質問は受け付けておりませんのであらかじめご了承ください。